増補版

国際女性デーは大河のように

伊藤セツ

御茶の水書房

増補版まえがき

日本で「国際女性デー」が初めてとりくまれてから丁度八〇年目の二〇〇三年、『国際女性デーは大河のように』を出版させていただきました。二〇〇三年はアメリカのイラク攻撃という危機が地球上の平和を脅かし、世界中で「ノー・ウォー」が強く叫ばれていた時でした。

国際女性デーは、ルーツをたどれば、二〇世紀初めのアメリカ社会党の女性の参政権運動に端を発し、クラーラ・ツェトキーンらの国際的社会主義女性運動の中で反戦・平和色を強めて、第一次世界大戦、ロシア革命、第二次世界大戦を潜り抜けて受け継がれてきたものですが、一九七七年の国連第三二総会で、国連の日と決議されました。日本では今世紀に入ってそのことが認識され始め、私は、その起源や史実を正確に記述して、国連の決議にいたるまでを繋いでおくことが必要だと思い、この書を書いたのです。しかし、最近の国連関連機関の文書では、「一九七五年に国連の日となった」と安易に書いているものも見受けられますので注意が必要です。

私は、戦後日本の「国際女性デー」を主導してきた「中央大会」からではなく、「三・八おんなたちの祭り」という二〇〇八年に一八回で終わった催しを、導入部分にあえて配置しました。また当時、国際的に広がっていたWomen in Black運動も二〇〇三年の日本の「国際女性デー」に加えました。私は、日本の女性運動へのある思いから、そうしたのでした。前著初版から一六年がたちましたが、「中央大会」は継続しながらも、ここ数年は、最近の情勢を反映して国際的にも、国内的にも、当時とは異なった新たな動きが見られます。

そして国連の日となった国際女性デーは、地球を流れる大河となり、奔流となって、世界中で取り組まれるようになっています。この間の変化としては、国連の関連では、二〇〇〇年の国連安保理決議一三二五号の採択、

ＭＤＧｓに続くＳＤＧｓとの関わりや、また二〇一〇年に国連が女性関係の機関をUN Womenに統一したことや、二〇一二年から「国際ガールズ・デイ」が定められたことなどです（補章および年表参照）。さらに二〇一七年以降の米国に端を発した差別やセクハラを抗議する「#Me Too」運動が、日本でも、ウィメンズ・マーチとして、国際女性デーに合流し、国際女性デー自体が、これまで以上に注目されるようになったこともあげなければなりません。二〇一八年の三月八日の「ウィメンズ・マーチ東京」は、#Me Tooキャンペーンとして従来の「国際女性デー中央大会」参加者と同じ七〇〇人を集めてパレードを行っています。そのような変化は、起源や歴史的な特徴のなかの、何が継承発展され、何が削り取られ、何が加わるかの問題として注目に値します。

この間、私自身は、国際女性デーの創始者とされているクラーラ・ツェトキーンの生涯について、二〇一三年に『クラーラ・ツェトキーン　反戦とジェンダー平等の生涯』（御茶の水書房　二〇一八年に増補改訂版）を出し、二〇一八年十一月末には、日本で国際女性デーと初めて取り組んだリーダー格の山川菊栄に注目して、『山川菊栄　過去を読み　未来を拓く』（ドメス出版）を出版しました。私の次のテーマとして、上記のような変化を視野に入れて、未来を展望するという思いを込めて、国際女性デーの通史的なものを書くことを考え、日本での国際女性デー百年の二〇二三年前の出版を目ざして、資料を集め、準備を開始していました。

そのようなとき、旧著の在庫が僅少となり、急遽、増補版をだすことが決まったのです。本書は、旧著の誤植の訂正とともに、二〇〇四年以降の日本と国連の国際女性デーの主要動向を年表に加え、今の時点で必要とされる解説やコメントを補章として附すことにしました。なお、新たな資料を加えての国際女性デーの通史は、数年後の出版をめざして準備中であることを付記しておきます。

二〇一九年一月二五日　　伊藤セツ

増補版

国際女性デーは大河のように

目次

凡　例

・International Women's Day を国際女性デーと記すが、引用文献で国際婦人デーとしているところ（その他文脈上女性ではそぐわないところ）はそれに従う。

・一九七五年 International Women's Year については、国際女性年と訳すが引用文中で国際婦人年とあるところはそれに従う。

・アメリカ合衆国を単にアメリカと略記する場合がある。

・第三インターナショナルとコミンテルンは同じ意味であるが統一していない。

・人名は、敬称を付した場合と略した場合がある。

・英語やドイツ語の新聞・雑誌・書名は、邦訳して記した。必要な場合、初出に原語発音のルビを付した。人名についてはカナ書きにして原則として原語を入れていない。

・ドイツ社会民主党大会の議事録からの引用はSPD. Pr. のあとに大会年を入れるにとどめた。

・旧版ではクララ・ツェトキンと記しているが、補章ではクラーラ・ツェトキーンと記す。

増補版　国際女性デーは大河のように

プロローグ

＊　二〇〇二年「女性学・ジェンダー研究フォーラム」にて

独立行政法人国立女性教育会館（通称ＮＷＥＣ「ヌエック」）の夏の恒例の行事、「女性学・ジェンダー研究フォーラム二〇〇二」の初日、わたくしは（財）日本女性学習財団の企画のジェンダー統計関連のワークショップに出場しました。この一〇年わたくしは、これまでの仕事の延長線上でジェンダー統計にかかわってきたからです。それで、二日目の午後も「ヌエック」企画のジェンダー統計セッションに参加しようとしていたので、午前の時間は自由でした。たくさんのプログラムのなかから「グループの活動報告」に区分されているひとつのワークショップを選びました。それは「三・八国際女性デー・おんなたちの祭り実行委員会有志」による「おんなの祭りはこうでなくっちゃ！　三・八国際女性デー・おんなたちの祭りはいかにして一〇年をむかえたか」というものでした。このグループが一〇年前から国際女性デーと取り組んでいることは、わたくしは知っていましたが参加したことはありません。このグループばかりではなく、どのグループの取り組みにも、講演を依頼された時以外は参加してきませんでした。

講演依頼とはいっても、大きな集会は、一九六六年に小樽、一九八三年に東京、一九八七年に大阪、一九九〇年に横浜というくらいで、あとは小さな学習会に呼ばれた程度です。

一九六〇年代の半ば、当時わたくしが住んでいた北海道では、札幌周辺で「国際婦人デー」準備の小規模な学習会がさかんでした。わたくしは、一九五〇年代の後半から、毎年三月八日の「国際婦人デー」に縁がありました。当時わたくしが在籍していた大学の女子学生の会が取り組んでいたからです。「国際婦人デー」の歴史のパンフレットを作ったり、「国際婦人デー」の起源の寸劇をやったりしました。わたくしは、寮の自室のカーテンを取り外して、長いスカート風に見立て、アメリカの女性に扮して演説をしたことさえあります。ですからちょうど時間が空いていたこともあって「ヌエック」のこのグループの集まりに参加してみたのです。

すでに、わたくしは国際女性デーについては、巻末の文献リストにあるように、いくつかのものを書いています。あれやこれやで国際女性デーと関わりをもってから、もう半世紀近くが過ぎました。しかし、わたくしがこの日のことについて書いたものは本当に少数の人にしか読まれていないでしょう。中でも、国際女性デー七〇周年の一九八〇年に、川口和子さん、小山伊基子さんと校倉書房から『国際婦人デーの歴史』という本を出しましたが、わたくしが担当した部分「国際編戦前」は、国連やアメリカのことについてわたくしの調査が進んでいなくて不充分でしたし、絶版になって久しく、今ではどこかに埋もれたままです。

また国際女性デー八〇年の一九九〇年には、日本婦人団体連合会が中心となったスライド作成（協力・共同企画）に加わりましたが、国際的に大きな変動が始まったこの年に、今にしてふりかえると、古いままのイデオロギーで編集されたシナリオが多くの人々の心をとらえることはできなかったのではないかと推測されます。その責任の一端はわたくしも負わなければなりません。これらの不充分な点をこの小著で補いたいと思います。

さて、「ヌエック」の「おんなの祭りはこうでなくっちゃ！」には小さな部屋に二八人ほどの女性が集まりました。沖縄や、山口県など全国から行政主導の女性集会などにあきたらないという地方のリーダー格の女性たちが来ていました。ワークショップでは、国際女性デーの歴史がオーバーヘッドプロジェクターで簡単に映し出され、模擬実行委員会がもたれました。そのなかで、参加者は、「行政のおしきせではない本当の女性のまつりができないものか」を模索しているのがわかりました。自発性と楽しさが強調されました。そのあと参加者は「ヌエック」の研修棟から本館まで一五〇メートルほどの間をパレードしました。「武器よりしごと」「武器より歌を!」と太鼓をたたいておどりうたいながら進むのです。この歌(『武器よりごはん』『武器より歌を!』)は小野田桃子さんの作詞作曲でCDも出ています。午前のワークショップを終えたフォーラム参加者がどっと建物から出てきて、何人かが「これなに?」といいながら「武器よりしごとだって」とパレードに加わったり、カメラを向けたり一緒に写真を写したりしていていました。このとき、以下の章でのべるように国際女性デーの歴史にこだわってきたわたくしには、歴史のさまざまな問題はともかくとして女性デーの生命力を感じたのです。

＊ 二一世紀を行く国際女性デー ——三月八日

これより先、二〇〇二年三月八日が近づいたとき、わたくしが加盟しているあるメーリングリストに、国際労働機関(ILO)東京支局発の一通のメールが転送で入り、三月八日は国連の国際女性デーで、日本ではじめて国連の日として女性デーの集まりをもつという知らせが流されました。このメールは、今、ここを読んでくださっている読者で知っているかたも多いと思います。「国連の日として」という認識にやっと日本もたどりついたことをわたくしは知りました。このメールを契機に、わたくしがこれまで、この日について集めてきたことをまとめておく必要を感じたのです。そうしないと、この日の持つ重層的歴史が断片的にしか後世に伝わらないのではないか、いわば語り部の役をわたくしがやってみたいという思いにかられました。

二〇世紀初頭の社会主義思想に起源をもつ国際女性デーが、しかもその起源が世界各国で伝説めいてきているこの日が、国連の日という側面も加わって、ソ連・東欧型社会主義の崩壊以降も、生命力を持ちつづけているということ自体興味深いことです。しかも、三月八日という日付けで国連の日として二一世紀につながり、裾野を広げているということは感慨深いことです。その生命力を史実にもとづいて客観的に記録に留めたいとの思いがつのります。日本の女性運動は、歴史的経過でやむを得なかったのかもしれませんが、わたくしの世代からみても無駄な「セクト（党派）」の残滓が存在しています。「無駄な」ということばで片付けてはいけないかもしれませんが、わたくしには国際女性デーをもっとオープンにみんなが共有すべきだという、あるいは、今日では国際女性デーにそれぞれ集うひとびとをお互いに無視すべきではないという思いがあります。何かお互いが他に無関心をよそおって、あるいは相互に無視して自分たちの集会をやっているという気がします。でも、それはそれでいいでしょう。

しかし、女性デーの歴史をふりかえり、そのエポックをたどれば、この日は、誰かによって独占されるべきものでも、排除される性格のものでもないことがわかるでしょう。そして、この日に関わり合うひとびとは、この日に重ねられているエネルギッシュな、一筋縄ではない女性の歴史だけは知っておいてもよいのではないでしょうか。

この日は、後に詳しく述べるように、二〇世紀初頭のアメリカとヨーロッパの社会主義女性運動が起源となり、第一次世界大戦とロシア革命を潜《くぐ》り抜け、蛇行を繰り返してファシズムに飲み込まれながら、第二次世界大戦後の国連の女性運動の時代まで生き延び、国連の日となって新たな生命を吹き込まれながら、ソ連・東欧の崩壊という大きな転換点を超えて世界に広がり、混迷を深める二一世紀に大河となって注ぎ込んだのです。

それは目を見張るような出来事です。

＊　起源は点と線――アメリカ大陸とヨーロッパを結んだ女性たち

もともと、国際女性デーの源流は、本書で詳しく述べるように二〇世紀初頭のアメリカ合衆国の社会党の女性運動の女性選挙権獲得運動の工夫された活動形態、つまり一国内のキャンペーンの日「女性デー」でした。アメリカ社会党の女性たちの運動は、日本人金子喜一と結婚したジョセフィン・コンガー・カネコたちの魅力あるものでしたが、一般のアメリカ女性史やアメリカの女性参政権獲得運動史にはほとんど登場しません。わたくしは、マリー・ジョ・ブールの著書や、『進歩的女性《プログレッシブ・ウーマン》』によってこの時代のことを調べましたが、第二章でみるように日本の初期社会主義研究者の文献にはむしろしばしば現れているのです。アメリカ社会党の女性たちは、一九〇九年から二月の最終日曜日を「女性デー」として主要都市で、女性選挙権運動を効果的に展開しました。

当時、ドイツでは、ドイツ社会民主党のクララ・ツェトキンらが同じく女性選挙権獲得運動を行っており、ドイツ社会民主党は、女性政策も豊かで、『平　等《グライヒハイト》』という女性向け機関紙を出していました。それればかりではありません。当時の労働者の国際的連帯の組織第二インターナショナルは、女性運動の国際的連帯を目指していました。

「女性デー」というアメリカ社会党の活動形態は、一九一〇年コペンハーゲンでの第二インターナショナル大会と国際社会主義女性会議を媒介にドイツの運動と繋がります。このアメリカ大陸とヨーロッパ大陸間の大西洋を越えた繋がりこそ、国際女性デー誕生のドラマでした。

＊　不思議な伝説にみちた女性デー

国際女性デーは、伝説にみちています。ある人は創設の時から三月八日だったと思っています。アメリカでは、この日はアメリカの一八五七年のニューヨークの繊維労働者のデモにちなんでいると説明したりします。またある人は、コペンハーゲンに起源があり、ドイツのクララ・ツェトキンが発案したと言っています。「なぜ？どうして？」をあまり問いません。またある人は、アメリカなどに関係はない、ロシア革命に関係があると主張しています。最初から三月八日だったという見解をのぞいて、どれも断片的にあたっていないことはありません。

一九七七年に国連総会が国際女性デーを決議したこと自体、日本の多くの人は知りません。もし、知ったとしても、それが、クララ・ツェトキンの国際女性デーとどんな繋がりをもつかはあまり遡《さかのぼ》って考えないでしょう。国連も最初は三月八日と決めたわけではないのですが、それなのにほどなく三月八日に収斂していったのはなぜなのでしょうか。

わたくしは、一九九〇年代のソ連・東欧の崩壊のあと、女性運動にかかわる人の国際女性デーの理解にも変化があったとみています。日本では、毎年伝統的に東京で「国際婦人デー中央大会」が開かれていました。それに一九九三年から、冒頭でのべた「ヌエック」で有志がワークショップをもったグループの国際女性デーの催し「おんなたちの祭り」が東京で加わりました。日本の各地でも大都市を中心に「国際女性デー」がもたれています。

そしてついに二〇〇二年、前述のメールのように日本にある国連機関が「国際女性デー」を呼びかけるようになったのです。

こうして、二〇世紀のはじめに起こった何かいわくありげな、謎っぽい「女性の日」は世紀を超えて二一世紀に繋がっていきました。ミレニアムの二〇〇〇年、そして二〇〇一年と国際女性デーが世界中で催されるのを見て、その生命力を再考したいと思います。でも真の国際的言い方では、安易に世紀で区切ってはいけないのでしょう。「今年は西暦二〇〇三年」などとグレゴリオ暦（三〇頁三～五行目参照）で年を数え歴史を記録するのは、地球の一部の人々ですから。

＊ 国際女性デーは毎年地球の女性フォーラム

一九九五年、北京で開催された国連の第四回世界女性会議のとき、わたくしは北京郊外の懐柔県で開催されたＮＧＯフォーラムと、北京市内での政府間会議のオブザーバーと両方に参加する機会を得ました。わたくしを送り出した団体は、国連ＮＧＯ第二カテゴリーに登録されている国際家政学会（ＩＦＨＥ）でした。あの時、世界から約三万五千人の男女が集まってＮＧＯフォーラムをもちました。そこでの主張は北京での政府間会議にむけたコーカス活動となり、ロビィ活動となりました。こうして世界の女性運動のスタイルは従来のものから大きく転換したのです（伊藤　1996）。二〇〇〇年に開催された国連ニューヨーク女性会議にはこれほど大きなＮＧＯフォーラムはもたれませんでした。

しかし、本書で詳しく述べますが、今や国連の日となった（それを意識しているかいないか別としても）国際女性デーへの地球上の参加者数は、毎年三万人などという規模ではないのです。その百倍、いや千倍にもおよぶかもしれません。わたくしは国際女性デーのことを、地球の毎年の女性フォーラムだと思います。二〇〇三年に入って、インターネットで「国際女性デー」をさまざまなサイトから検索すると、一万件とか六〇万件とかいう信じられない数のヒットがあります（ただし日本語の場合「女性デー」ではあまりヒットしませんので「婦人デー」で検索するのです）。

全国に広がっている行政の社会教育施設であるいわゆる「女性センター」、公の男女共同参画の企画が、インターネット時代の今にふさわしくこの日をもっと積極的に位置付けたら、大きな国際的連帯の日となると思います。「婦人デー」と呼んでも「女性デー」と呼んでも、「中央大会」でも「実行委員会」でも、地方都市の取り組みでも、「まつり」でも、「戦う日」でもいいし、三月八日の前後だってかまいません。もともとこの女性デーの起源は、二月の最終日曜日であり、各国がそれぞれの伝統をもつ何かにちなむ日であったのですから……。

後述する日本の「婦人の日」(四月一〇日)の方が形式的に思われます。冒頭の「ヌエック」のワークショップに集まった地方の女性活動家のために、日本の、参加型、自発的な国際連帯の日としての女性デーの創造を考えたいと思います。そして、地域に居ながらにして参加する、地球規模の毎年の女性フォーラムの創造を目指したいのです。

I

知っていますか？ 1977年の国連総会が国際女性デーをきめたことを

◆

前頁：1977年のコスタリカの国際女性デーのポスター（Wurms 1980, p.103）

Ⅰ　知っていますか？　一九七七年の国連総会が女性デーをきめたことを

1　一九七七年の国連の女性デーの決議――日本は棄権、アメリカは反対

読者のみなさんは、毎年三月八日に世界中で記念されている国際女性デーが国連の日だと知っていますか。それも、一九七七年の国連総会と関係があることを知っているでしょうか。実はわたくしは、国際女性デーが、一九七七年に国連の決議によって国連デーとなった事実を、一九九二年まで知らなかったのです。この情報は、一九九二年当時、フランスに在住していた、社会政策学会（これは、わたくしが所属するメイン学会です）の先輩下山房雄氏さんからもたらされました。フランスでは、一九八二年、モーロア内閣のイベット・ルーディ女性権利相のもとで、一九七七年の国連決定に先行されて、国際女性デーが、祝日というのではないけれどフランスの「公定記念日」とされたというのです（下山　1992）。その時点まで、わたくしは、従来の国際女性デーの流れとは明らかに異なる国連システムでの一九八〇年代の国際女性デーの取り組みについて、主に国連ＩＮＳＴＲＡＷ（「婦人の地位向上のための国際訓練研修所」、以下「インストロー」と書きます）の資料をもとに一定の情報を得てはいました（伊藤　1991）が、下山さんの文を読んだあと、国際女性デーが一九七七年にどのような経緯で「国連デー」となったかの調査に着手しました（伊藤　1993）。

その結果いろいろのことがわかりました。結論からいえば、国連は、複雑な歴史的背景をもつ従来の国際女性デーを「国連デー」というかたちで、国連の女性政策の実施の中に組み込んだのです。国連は、第一に、その年に重点をおいている女性政策を、歴史的国際女性デーと結び付け、効果的に展開することを可能にしました。第二に、結果的には国際女性デーを、〔GO（この場合は国連）―NGO〕関係の国際女性運動に位置づけることを可能にしました。そのプロセスを追ってみましょう。

①一九七七年以前の「国際女性デー」と国連

国連が、国際女性デーと取り組んだのは、記録では、一九七五年「国際女性年」の三月七日（金）あるいは三月八日（土）です。この事実は、一九九五年に出版された国連のブルーブック・シリーズ第六巻（U.N. 1995c）に初めてあらわれます。この書に書かれた国連事務総長ブトロス-ガーリの序文には、「一九七五年三月八日、国連は、はじめて国際女性デーと取り組んだ……」（U.N. 1995c, p. 31, 1996, p. 34）とあり、同書の年表部分には、日にちが七日となっていますがほぼ同じ文章（"7 March 1975 : The United Nations first observes International Women's Day（8 March）"）が書かれています（U. N. 1995c, p. 71）。この時、誰の発案で、どのような規模で何が行われたのかについてわたくしの調べはついていませんが、ただ、国際女性デーを、三月七日あるいは三月八日に実施したわけですから、国連側に最初から三月八日という日が念頭にあったことがわかります。このことを知ったとき、わたくしは、何かとてもうれしかったのです。しかし、翌一九七六年の国際女性デーの取り組みを記述した国連側の文献的証拠をわたくしは発見していません。

②一九七七年国連第三二回総会での決議

一九七七年、国連第三二回総会は、「平和を強め、植民地主義・社会的差別・外国の侵略と占領に反対する闘いへの女性の参加」を議題として討論・決議を採択しています。同年一二月一四日、「国連女性の一〇年の第三委員会」は、上記テーマでの報告（A/32/440）を行い、決議案を作成しました。決議案には七項目が含まれていましたが、その四番目に「各国の歴史的、民族的伝統、および慣習に従って、一年のいずれかの日を女性の権利と国際平和のための国連の日として定めること」（U. N. 1977a, p. 13　傍点は伊藤）と書いてあるのです。一二月一六日の総会は、この第三委員会の報告を受けて、「すべての国に、女性の権利と国際的平和のために、国連の日を定め、植民地主義、人種差別主義、そして、南アフリカの人種差別制度に反対する闘いにおけるアパルトヘイトの危険に身をさらされている女性に対する十分な支援を与えることを要請」しました（U. N. 1977b, p. 754）。

この時の討議には、一三六カ国の代表が参加しました。決議案は投票に付され、七一カ国の賛成、一九カ国の反対、四六カ国の棄権によって、決議　A/RES/32/142. 12 Dec. 1977（以下32/142と記す）として採択されたのです（U. N. 1977b, p. 756）。

賛成国はアルジェリア、アンゴラ、バーレーン、バングラデシュ、ベニン、ブータン、ボツワナ、ブルガリア、ビルマ、ブルンジ、ベラルーシ、ケープ・ブルデ、チャド、コロンビア、コンゴ、キューバ、キプロス、チェコスロヴァキア、民主イエメン、ジブチ、エクアドル、エジプト、エチオピア、ガボン、ドイツ民主共和国、ギニアビサオ、ガイアナ、ハイチ、ハンガリー、インド、イラク、ヨルダン、ケニア、クウェート、ラオス人民民主共和国、レバノン、リソト、リベリア、リビア・アラブ国、マダガスカル、マリ、マルタ、モーリシャス、モンゴル、ルワンダ、サントメ・プリンシペ、サウジアラビア、シェラ・レオーネ、シンガポール、ソマリア、スリランカ、スーダン、シリアアラブ共和国、トーゴ、チュニジア、ウガンダ、ウクライナ、ソ連、アラブ首長国連邦、カメルーン連合共和国、タンザニア連合共和国、ベトナム、イエメン、ユーゴスラヴィア、ザンビア等、当時の社会主義国・開発途上国が圧倒的でした。

これに対し、反対した国はオーストラリア、ベルギー、カナダ、デンマーク、フランス、ドイツ連邦共和国、ホンジュラス、アイスランド、アイルランド、イスラエル、イタリー、ルクセンブルク、オランダ、ニュージーランド、ノルウェー、パラグアイ、スウェーデン、英国、アメリカ合衆国などほとんどが先進資本主義国でした。

棄権国は、アフガニスタン、アルゼンチン、オーストリア、バハマ、バルバドス、ボリビア、ブラジル、中央アフリカ、チリー、コスタリカ、ドミニカ共和国、エル・サルバドル、フイジー、フインランド、ガーナ、ギリシャ、グァテマラ、インドネシア、イラン、象牙海岸、ジャマイカ、日本、マラウイ、マレーシア、モルジヴ、モーリタニア、メキシコ、モロッコ、ニカラグア、ニジェール、ナイジェリア、パキスタン、パナマ、パプアニューギニア、ペルー、フィリピン、ポルトガル、セネガル、スペイン、スリナム、スワジランド、タイ、トルコ、ウルグアイ、ヴェネズエラ、ザイールと記録されています（U. N. 1977b, p. 756, U. N. 1977c, pp. 332–335)。

ここで、一九七七年の決議によって注目すべきことは、第一に、国連の女性の日を定める意図が、権利と平和を守り、植民地主義、人種差別に反対するための闘いを強めようというものだったということです。第二に、当時の社会主義諸国と開発途上国が主導して設定したものであり、アメリカ合衆国は反対、日本は棄権した決議であるという事実です。そして、第三に、決議は「国際環境デー」（六月五日）、「世界人口デー」（七月一一日）、「世界食料デー」（一〇月一六日）や「人権デー」（一二月一〇日）などのような他の国連デーとは異なって、各国の歴史的・民族的習慣、伝統を重んじて、特定の日を定めなかったということです。このことは、後の章で詳しく書きますが、歴史的起源となった一九一〇年にコペンハーゲンで開催された第二回国際社会主義女性会議での国際女性デーの決議も、特定の日を定めなかった（伊藤　1980, 1988）ことと通じるものがあります。このことについてはすぐ後でみる国連の文書が要を得た解説をしています。

しかし、一九七七年という年は、ロシア革命の六〇周年であり、先に見たように一九七五年から国連でも、一九二一年以来伝統的に「国際女性デー」とされた三月八日（これは第三章で述べます）が意識されていたことを思い合わせますと、当時、東西対立が強かった国連情勢においても、あるいはそのような状況であったからこそ、従来からの国際女性デーの継承性が強かったことを推測させるのです。決議では特定の日を定めなかったにもかかわらず、すでに決議前後から、三月八日が、統一的に国連の国際女性デーになっていくのはそのことと関係が深いことを示唆するものです。

一九七八年以降、この国連の決議32/142はどのように、加盟国に伝えられていったのでしょうか。当時わたくしは日本では数少ない国際女性デー史の研究者ではあったのですが、まだ、そもそもの起源と、日にちが国際的に三月八日に統一されていく一九一〇～一九二〇年代初めの史実を確定する文献の収集に集中していた時でした。それで、といってはおかしな理由なのですが、大きく展開していく一九七〇年代後半の国連の動向に敏感ではありませんでした。ですから、当時わたくしが集めた資料には、一九七〇年代後半の国際女性デーを方向づけた国連のものが欠けていたのです。

国連の決議前後の世界の国際女性デーを伝える写真をいくつか示しましょう（本章扉・一九頁）。

今（二〇〇三年三月）、日本の国連広報センターのウェブサイト[1]「女性」には、何事も無かったかのように次のような叙述がみられます。

国際婦人デー（三月八日）：一九七七年、国連総会は各国に対し、それぞれの歴史的また国民的伝統や習慣に整合する形で、任意の日を国際婦人デーと宣言するよう呼びかけた（決議32/142）。各国は、女性に対する差別撤廃と、社会開発への完全かつ平等な女性の参画に向けた環境整備に貢献するよう求められた。この国際デーは、国連総会が宣言した「国際婦人年」（一九七五年）および「国連婦人のための一〇年」（一九七六～一九八五年）に続いて実施となったもので、三月八日を国際婦人デーとして記念を始めたのは国際婦人年だった一九七五年からである。

2　国連システムでの女性デーの取り組み——一九八〇年代

一九八〇年には、各国の女性運動の中で、一九一〇年から数えて「国際女性デー」の七〇周年が、そして一九八五年には、七五周年が祝われて、出版物や論文が出され、いろいろな催しが行われました。しかし、今からふりかえって理解に苦しむことなのですが、そのいずれにも国際女性デーが国連の日になったことを伝えるものはないのです（Wurms 1980, Müller 1980, Poter 1980, Stevens 1985, Kapran 1985）。

わたくしも一九八〇年に、国際女性デー七〇周年を記念して、共著『国際婦人デーの歴史』（川口他　1980）を出版しました。わたくしの担当部分の脱稿は、一九七七年でした。そして、一九八五年には、当時のドイツ民主共和国のライプツィヒのクララ・ツェトキン教育大学で開催された、国際女性デー七五周年を記念する「第八回クララ・ツェトキン・コロッキウム」に招待され、日本での国際女性デーの略史を報告（Itoh 1985）しました。

1976年セイシェルの国際女性デーの様子（Wurms 1980, p.99）

左下：1978年ドイツの国際女性デーの絵葉書（Wurms 1980, p.143）プラカードには「結婚は、良い職場と引き換えにはならない」とある。
右下：1979年トルコの国際女性デーのカード（Wurms 1980, p.100）

しかし、ここでの討議にも国際女性デーを「国連デー」として関連づける報告をした人は一人もいなく、当時においてもなお、国際女性デーの起源である一九一〇年の部分に関する報告がされていただけです（Scholze 1985）。

同じ一九八五年には、次の章でふれますが、テンマ・カプランの、国際女性デーのアメリカ合衆国での起源に対する定説に疑問をさしはさむ論文（Kapran 1985）が出されていましたが、当時の閉ざされた東ドイツでのコロッキウムでは、そのことも議論の対象にはなりませんでした（伊藤 1988）。

さらに、一九八七年には第九回、一九八九年には「第一〇回クララ・ツェトキン・コロッキウム」が、ライプツィヒで開催されています。第一〇回においては、ジークフリート・ショルツェが国際女性デーのアメリカ合衆国での起源を含む報告（Scholze 1989）をしていますが、前述の一九八五年のテンマ・カプランの問題指摘に答えるようなものではありませんでした。

さて、こうした流れとは全く無関係に一九八〇年代の半ばから国連の関連機関の文書には国際女性デーの催しが記録され、わたくしの目にもつくようになりました。断片的ではありますが、わたくしが収集したものをここに記しておきましょう。

①ＩＬＯ

わたくしが国連システムでの国際女性デーの取り組みについて初めて情報を得たのは、国際女性年からすでに一〇年を経たナイロビ世界女性会議の年である一九八五年の、ＩＬＯのものでした（ILO 1985, p. 42）。ＩＬＯは、一九八五年に「国際女性デーの七五周年を記念し、『女性労働者の作今』と題して内部でセレモニーを行いお祝いした」とのことです。このセレモニーにはＩＬＯ本部の従業員組合代表も参加して、ＩＬＯでは女性専門職の労働条件は、一九七一年以降悪化していると説明しています。また、この年、ＩＬＯは、ジュネーヴの本部で、国連女性の一〇年にちなんで、三月四日から八日まで国際女性週間を設定し、デクエヤル国連事務総長が初日に声明を発表し、ニューヨーク、ジュネーヴ、ウイーンを結んでラジオ会議が組織されたと記録しています。

②インストロー

一九八三年から、ドミニカ共和国のサントドミンゴに本部を置いて、インストローが活動を開始しました。これは、一九七五年のメキシコでの女性年世界会議の勧告に基づき同年の国連総会によって設立が承認された、研究と研修及び情報の収集・交換を通じて、女性の開発への参加拡大を目指し、政府間、政府及び民間機関の力を促進・支援するという組織です（中野 1994）。初代所長としてデュナ・パスティッィ・フェレンチックが任命され、『インストロー・ニューズ』という機関誌の他、多くの出版物を出し始めました。

この機関誌に国際女性デーの記事が最初に載ったのは、一九八五年ナイロビ世界女性会議の翌年、一九八六年の春夏号のことでした。一九八八年の春夏号とあわせて国連本部のあるニューヨークや、ジュネーヴ、ウイーン、ドミニカ共和国のサントドミンゴのインストローの本部での女性デーの取り組みについて情報が得られます。まず、インストローが、国際女性デーの性格を当初どのように理解していたかを紹介しましょう。

毎年三月、世界中で女性運動は、女性の権利と世界の歴史と文化への女性の貢献を祝っている。「国際女性デー」は、一九一〇年に、よりよい生活のための女性のたたかい、とくに、働く女性のたたかいを讃えて始められた。

非公式の統計によれば、地球規模では、約十億の女性労働力があり、その三分の二が第三世界にいる。その多くは、産業革命期のアメリカ、カナダ、ヨーロッパの苦汗労働や、産業革命期の工場の女性たちと似た状態のもとで働いている。しばしば、これら労働者は、危険な、不健康的な環境で長時間にわたって働いている。

今日、全世界の女性は、彼女らの経験と地位の多様性にもかかわらず、発達した国と開発途上国の間の、健康、教育、所得の大きな相違にもかかわらず、文化、階級、人種、民族を超えて、平等という永久の夢を求めて、力を合わせている。

三月八日に、全世界の女性は、達成されたものについては祝い、これからしなければならないことについては力を結集する。夢は生きている（INSTRAW 1986 春夏号）。

国際女性デーの歴史について、多少とも知識を持つわたくしなどは、こうした叙述を読むと、基本的な史実が何点か抜けていることに不満が残ります。第一に、一九一〇年にどういう背景から女性デーが始められたのかの説明がなく、第二に、国際女性デーといえばつきもののクララ・ツェトキンの名も出てこないし、第三に、当時の世界の女性の課題であった選挙権獲得運動の事も書かれてはいないからです。

そのかわりに、開発途上国の女性労働者の状態が第一義的に問題にされているのが、きわめて印象的であり、先進国と開発途上国との地球規模での、階級を超えた男女平等を目指す力の結集が女性デーの目的とされているのも、国連女性の一〇年を経た一九八六年当時の女性運動の世界的趨勢《すうせい》を反映していると思われます。

こうして一九八六年の女性デーを、インストロー本部は初めて取り組みましたが、どのような催しをしたのでしょうか。記事によれば、インストローのスタッフの多くは、収入のための労働と家庭責任のバランスをとることにおいて専門家ですから、家庭と職場の間に橋を架けるために、三月八日に、「お母さんの仕事」というテーィルムのことを尋ねましたが、結局みせてもらうことは出来ませんでした。また、収入のための労働と家庭責任のバランスをとることにおいて専門家であるインストローの女性職員たちは、カリブ海のこの温暖な島国で、東京やニューヨークの働く母親とは次元の異なるゆったりした時間の使い方をしているようにも見受けられました。

マで、子どもたちに絵を書かせたということです。子どもたちのすばらしい絵が、サントドミンゴの「国連ファミリィ」の女性デーの祝賀の呼び物であったそうです。集会では、一九世紀後半以来の女性労働者のたたかいや、「三月八日がどうして国連システム内部でも祝われるようになったかについてのスピーチ」があり、インストロー制作のスペイン語版のフィルムや、国連の、家事労働の分担についてのアニメフィルムが上映されたとのことです。のちに、一九九七年三月のことですが、わたくしはドミニカ共和国サントドミンゴまで出かけてこのフィルムのことを尋ねましたが、結局みせてもらうことは出来ませんでした。また、収入のための労働と家庭責任のバランスをとることにおいて専門家であるインストローの女性職員たちは、カリブ海のこの温暖な島国で、東京やニューヨークの働く母親とは次元の異なるゆったりした時間の使い方をしているようにも見受けられました。

③国連本部

一九八六年、ニューヨーク国連本部では、デクエヤル国連事務総長は、「女性と変化」と題するパネル・ディスカッションを召集し、女性と女性雇用者のための国連プログラムの財政状況、国連内の女性への態度の変化の展望、本部の女性の地位行動プログラムの施行可能性についての討論が行われました。

また、一九八八年の女性デーには、デクエヤル国連事務総長は、長文のメッセージを出し、そのなかで、「一九八八年の国際女性デーを挙行するに当たって、わたくしたちは、多くの開発途上国を脅かしている債務危機のジェンダー的意味に注目しなければならない。……国際女性デーの今日、世界的規模での、女性の地位を向上させる目標へ向けてのわれわれの公約を繰り返そう。法律上の原則は、実践に移されなければならない」といっています（INSTRAW 1988）。

Ｅ・Ｄ・オズマニチェィク編『国連と国際条約百科辞典　第二版』（Osmanezyk 1990 p. 1047）で、「国際女性デー」をひいてみますと、「女性デーは、一八カ国からの代表が参加して一九一〇年八月二五日から二七日にコペンハーゲンで開催された国際社会主義女性会議の宣言を継承するということで三月八日に挙行されている。一九六〇年の四月、『国際女性デー』の五〇周年記念の際、国際民主女性連盟は、七三カ国からの九九九名の代表を集めて集会を開いた」と書かれています。これは、わたくしには、いかにも不十分な叙述に思われますが、前述のインストローの捉え方とこれを繋げば、国連の女性の日「国際女性デー」は、一九一〇年の継承として設定されたとみなしてよさそうに思われます。

3　一九九〇年代前半の国際女性デー——国連の文書から

一九九〇年、日本婦人団体連合会は、国際女性デー八〇周年を記念して「平和と女性の権利・地位向上をめざして　国際婦人デーの歴史」と題する一〇六枚のスライドを作成しました（制作協力　共同企画）。わたくしもこれに協力して写真や資料を提供したのですが、国連NGOの第一カテゴリーの承認を得ている国際民主婦人連盟に加盟している日本婦人団体連合会でも国際女性デーを国連デーと関連させるということをしませんでした。こうして、国際女性デーが国連デーであることとは無関係に一〇数年もの月日が過ぎて行きました。

一九九〇年の暮れ、わたくしが洋書のアナウンスメントをみて発注していたジークフリート・ショルツェ編『三月八日——「国際女性デー」の歴史から』（女性《フェルラーク》のた《フュア》めの《ディ》出版社《フラウ》、ライプツィヒ）が「未完で発行日未定」との連絡が入りました。この出版社は、一九八〇年の女性デー七〇周年の時にも、「クララ・ツェトキン教育大学・女性解放のための労働者階級の闘争史研究会」編で『「国際女性デー」の七〇年』(Müller 1980) を出していましたので、国際女性デー八〇周年を記念して、テンマ・カプランの疑問にも答えて、激動のあとのライプツィヒからどういう内容のものを出すのかと、わたくしが関心を持っていたものですが、「女性のための出版社」自体が東西ドイツ統一の過程で消え去り、この書は、ついに陽の目をみることのない幻の書となったようです。(2)

国際女性デーの本ばかりでなく、ライプツイヒの「女性のための出版社」から一九九〇年中に出される予定の別の本も「出版計画中止」という連絡が続々と入り、ドイツ統一後の、旧ドイツ民主共和国側の女性研究や出版は一九九〇年をもって大きな転換点に立たされたことがわかります。こうした例は、東欧改革の激動の中で、一九九〇年代は、女性デーの歴史や意義について、再評価の必要性があったことを暗に示しています。このような混乱の中でも、国際女性デーは、国連デーとして既に一九七七年に定められていたこともあって、歴史上に新たな展開の余地を残すことができたのでしょう。

一九九〇年代の国連システムにおける国際女性デーを追えば、一九九一年三月六日に、デクヤエル国連事務総長は、その年の国際女性デーにあたって、「今年は、難民の女性に関心が集まる中で、国際女性デーを迎える。……国連は、女性がわが家を捨てて難民となるような原因を取り除き、女性の地位の向上のためのすべての目的の強化を確保するよう努力する。……」(国連広報センター　1991)とメッセージを送っています。一方、インストロー発行の『インストロー・ニューズ』は、一九九〇年、一九九一年の国際女性デーの取り組みを載せていますが、一九九〇年は「女性と環境」にテーマをしぼり、評議員からのメッセージを世界に送っている(INSTRAW 1990) 他、先述デクヤエル国連事務総長の一九九一年のメッセージも再掲しています (INSTRAW 1991)。

一九九二年三月五日に、デクエヤルに代わった国連事務総長ブトロス-ガーリは、「三月八日　国際女性デーに寄せて」というメッセージを出しています。ロシアの一九一七年三月八日の女性の闘いを記念してこの日に世界の女性が立ち上がるとことになったという歴史の本拠地、ソ連に代わったロシア共和国で、エリツィン大統領が何の公式行事も行わなかった（下山　1992）というのに、国連事務総長が全世界へむけてメッセージを発するという時代になったのです。

ブトロス-ガーリ国連事務総長のメッセージはつぎのようなものでした。

——人権尊重、あらゆる人民の自由に向けての大きな進展があった一方で、女性の地位の向上のペースに関しては明らかに減速し、法の前の平等の原則と現実との間の落差は、広がるばかりである——。今年の国際女性デーは、国連憲章にうたわれている男女平等の目的を再確認する好機としたい。——国際女性デーのこの日、わたくしは各国政府、非政府機関、市民グループ、あらゆる層の人々に対して、男女の平等を確保する努力を拡大し、男女がともに平等な基盤に立って地球を守り、持続可能な環境を維持していけるよう呼びかけたい（国連広報センター　1992）。

また、ブトロス-ガーリは、前掲ブルーブック・シリーズ第六巻のなかで、「一九九二年三月八日の第一七回国際女性デーの国連での挙行は、それは、わたくしが就任してまもなくのことであったが、女性にたいする差別を撤廃するために行っている前進を反映する機会となった」（U. N. 1995, p. 61）と振り返っています。同書は、年表部分で「一九九二年三月八日、第一七回国際女性デーの国連での挙行の機会に、事務総長は、一九九五年から二〇〇〇年までの事務局における女性の地位向上のための行動戦略計画を述べる」（U. N. 1995c, p. 74）と記録しています。この戦略計画は、後に一九九四年の国連総会で一一月一日に事務総長報告として出されたものです

(A/49/587, U. N. 1995c, p. 503)。この頃から、国連システムにおいては、国際女性デーの名において、女性政策を宣伝するようになります。しかも女性デー取り組みの回数を、一九七七年の国連総会での決議からではなく、国連がはじめて「国際女性デー」を行った一九七五年を起点にして数えているのです。

一九九三年三月五日、ブトロス-ガーリは、国際女性デーのメッセージの中で、「女性の権利の推進と擁護」を国連の集中的仕事とすると述べました。ガーリは「国際女性デーは、平等権と、社会進歩と平和のためのたたかいで女性が達成したものを祝う日である。それは、世界の多くの地域で、そして日常生活の多くの局面で女性への継続する抑圧に関して偽りの無いところを語り合う日である。そして、それは、将来にわたって女性の利益のために何が為されるべきであるかを議論する日である。女性の権利の推進と擁護は、国連の仕事にとって中心的なものである。一一九ヶ国――現国連加盟国の三分の二以上――が女性に対するあらゆる形態の差別撤廃条約に署名した。今、立案中の女性に対するあらゆる暴力の撤廃宣言は、第四八会国連総会で採択される予定である。女性の地位委員会は、女性の権利の推進のために活動している。人類の半分が女性から成り立っているように、女性の権利は、国連人権委員会や七月にウイーンで開催される世界人権会議の議事日程の中で重要な位置にある。……」とのべ、さらに、この年すでに一九九五年の北京世界女性会議への取り組みを奨励しているのです(U. N. 1993)。

一九九〇年代の国際女性デーを見るとき、一九九一年から九二年にかけて、東西関係に大きな変化が起こったことを見逃すことはできません。そして一応の決着がついたその段階で、国連は、国際女性デーの歴史と伝統についても、完全とはいえませんが、これまでより明確な情報を与え、三月八日という日を奨励するかのような文書を出すようになりました。

国連の一九九三年の広報用リーフレットには次のように書かれています。

「国際女性デー（三月八日）は、単に世界の女性グループによって注目される行事ではない。この日は国連によっても記念され、多くの国で国民の祝日として指定されているものである。しばしば国境や民族や言葉や文化や経済や政治的相違によって分割されたすべての大陸の女性たちが、彼女たちの日を祝うために集まるとき、彼女たちは少なくとも、平等、正義、平和そして発展のための九〇年を意味する伝統を回顧することが出来る。

国際女性デーは、歴史を作る人としての普通の女性の物語である。それは、男性との平等な地位を求める社会と社会変革に参加するための女性の古くからの戦いに起源をもっている。古代ギリシャにおいては、リュシストラテは、戦争を終わらせるために男性に対する性のストライキを起こした。フランス革命の時、〈自由、平等、友愛〉を叫びながらパリの女性たちは女性の選挙権を要求してヴェルサィユを行進した。

国際女性デーのアイデアは、工業化された世界が、拡張・動乱・爆発的人口増大およびラディカルなイデオロギーの時期にあった世紀の変わり目に、初めてもちあがったものであった。もっとも重要な出来事の簡単な年表は次の通りである。

・一九〇九年

アメリカ社会党による宣言に従って最初の全国女性デーが、二月二八日に合衆国中で催された。女性たちは、一九一三年まで二月の最後の日曜日に女性デーを祝い続けた。

・一九一〇年
コペンハーゲンで会合をもった社会主義インターナショナル[3]が、女性の権利と自由をたたえ、女性の普通選挙権獲得を支持するために国際的性格をもたせた女性デーを設立した。固定した日付けは定められなかった。
・一九一一年
前年コペンハーゲンで採択された決定の結果として、国際女性デーは、オーストリア、デンマーク、ドイツ、スイスではじめて（三月一九日に）行われた。そこでは、百万人以上の男女が行進に参加した。さらに公職の選挙をして公職に就くために労働、職業訓練、職業上の差別を終わらせる権利を要求した。

それから一週間もたたない三月二五日、ニューヨーク市のいたましいトライアングル大火が起こり、一四〇人以上の働く少女たち、―そのほとんどがイタリアとユダヤの移民であったが―、の命を奪った[4]。この出来事は、合衆国の労働立法に大きな影響を与え、事故を引き起こす結果となった労働条件は、続く国際女性デーの催し期間中に改善を請願された。
・一九一三～一九一四年
第一次世界大戦の前夜に起こった平和運動の一部として、ロシアの女性たちは一九一三年二月の最後の日曜日に初めての国際女性デーを挙行した。翌年の三月八日やその前後にヨーロッパの各国で、女性たちは、戦争への抗議と彼女たちの姉妹との連帯を表す行進を行った。
・一九一七年
戦争で死んだ二百万人のロシア兵に連帯して、ロシアの女性たちは、ふたたび「パンと平和」のためのストライキを二月の最終日曜日に行った。政治リーダーたちは、ストライキのタイミングに反対した。しかし、女性たちはいずれにせよ街頭に出た。以下はその経過である。四日後ツァーリは、退位する事を強制された。臨時政府は女性に選挙権を認めた。かの歴史的日曜日は当時ロシアで用いられていたユリウス暦（引用者注：Jurian calendar＝ユリウス・シーザーが定めた旧太陽暦・旧暦）で、他国で用いられているグレゴリオ暦（引用者注：Gregorian calendar＝一五八二年に教皇グレゴリー一三世がユリウス暦を改正した現行の太陽暦・新暦）では三月八日である。それ以来国際女性デーは一般に三月八日に行われることになったのである。

初期の頃から、国際女性デーは、発達した国も開発途上国も同じように、女性のための新しい局面を当然のこととして扱ってきた。女性の権利と政治過程への参加を要求することは共同運動のための結集点となってきた。次第に女性デーは、女性の権利の歴史に特別の役割を演じてきた普通の女性たちによって、変革への呼びかけと勇気と決意の行動を祝うためになされた進歩を反映する日となっている」（U. N. 1993b）。

このリーフレットは、引き続いて国連の役割をのべていますが、そこでは、一九七七年の国連総会決議32/142が、女性の権利と国際平和のための国連デーとして各国の歴史的国民的伝統に従って一年のどの日にでも、としたにもかかわらず、ほとんどの国が三月八日を国際女性デーとしている旨が記されています。

4　一九九〇年代後半の国際女性デーと国連

一九九五年三月七日、ブトロス-ガーリは国際女性デーへのメッセージの中で、加盟国に、今は女性に対する暴力撤廃宣言を法的拘束力のあるものにする時だと呼びかけました（U. N. 1995c, p. 54, p. 75）。同じ年の三月七日の報道関係者用発表では、国連五〇年と同年九月に開催される北京世界女性会議にちなんで、一九九五年から二〇〇〇までに、国連スタッフの中の女性の割合を高める計画を発表し（U. N. 1995a）、三月八日の報道関係者用発表では、コペンハーゲンでの世界社会開発サミットの場から、国連五〇年にあたるこの年、国際女性デーと国連システムが強い関係があることを強調しています。ブトロス-ガーリは、一九九〇年の世界子供サミット、一九九二年の地球環境開発サミットとアジェンダ二一、一九九三年の世界人権会議、一九九四年の国際人口開発会議が、いずれも女性の問題と深く関わっていたことに注意を向けて、一九九五年九月の北京世界会議につなげて行くのです（U. N. 1995b）。一九九五年の北京会議以降、国連の女性政策一般を、一九九六年からは国際女性デーに関する国連情報を、わたくしはインターネットで把握するようになりました。

一九九六年国連が流した国際女性デーの歴史部分の情報は、一九九三年のそれとは異なります。それは、国際女性デーの歴史の起源を一八五七年の三月八日ニューヨーク市の女性労働者の行動においています[(5)]。また、なぜ、一九七七年に国連が女性デー挙行に関する決議を出したかについて二つの理由を挙げています。それは「一つは、平和と社会的進歩を確実なものにし、人権と基本的自由の完全な享受は、女性の積極的参加と平等、発達を必要とするという事実を認めること、一つは、国際的平和と安全を強化することへの女性の貢献を認めたことである。世界の女性にとってこの日の象徴性は、広い意味をもっている。それは、彼女たちが平等、平和、開発のためにどんなに長いたたかいをしてきたかを振り返る機会である。それは、また、意味有る変革のために団結し、連携し、動機づける機会でもあるのである」というものです。

それ以降国連はインターネットで、三月八日「国際女性デー」にちなんで情報活動を行うようになってきています。http://www.un.orgから簡単に探し出すことができるでしょう。

一九九七年、国連の国際女性デーに関するリーフレットは、一九九三年リーフレットとほぼ同様の内容の新版を出し、インターネットでも同様のものを流しました。これは、前述の一九九六年に比べてより正確、というより一九九三年に戻った説明文となっています。一九九三年とかわっているのは開発途上国向けの叙述が多くみられることです。一九九七年、国連広報部は女性の地位向上部と共催で、三月六日（木）、NGO、メディア、政府代表をも含んだ「平和のテーブルでの女性」というパネルディスカッションを行っています。UNIFEMもインストロー（http://www.un.org/instraw）も国際女性デーにちなんだ活動を世界に流しています。

一九九七年三月一八日（火）、わたくしは、国連プラザのインストロー連絡事務所で、国連女性の地位委員会に出席のためドミニカ共和国、サント・ドミンゴから出張してきていたインストロー副所長マルタ・ヂュナスーローザに、今年の国際女性デーにインストローは何をしたかインタビューしました。所長は幾つかの資料を示しました。インストローの活動は、国際女性デーと深く関わっていると所長は説明してくれました。一九九七年の国際女性デーにちなんで、インストローは、「女性、環境管理及び持続的開発に関するトレイニング・パッケージ」、スペイン語版「家事労働の評価とサテライト・アカウント」、「開発計画におけるジェンダー概念——基本的アプローチ」を出したこと、またホームページも、その年の国際女性デーにちなんでの開設ということでした。

一九九八年の国際女性デーのメッセージで、国連事務総長コフィ・アナンは、女性の権利向上を強調し、人権宣言五〇年にちなんで、女性に対する暴力と女性と軍事紛争の問題を緊急の課題としてとりあげています。また、アフガニスタンや他の諸国の女性の権利に触れ「ジェンダーに基づく虐待は、戦争による災難ではなく、軍事紛争に付随するもの」といっています（Press Release, SG/SM/6476WOM/1033, 3 March 1998）。

一九九九年の国際女性デーを、アナンは、「新しいミレニアムを前にした最後の国際女性デー」と呼んで「女性に対するあらゆる形態の差別撤廃条約二〇周年の年」を意識し、翌年二〇〇〇年の北京宣言と行動計画プラス五年を射程においたメッセージを出しています。ここで強調されたのは、グローバリゼーション、自由化、経済的リストラと民営化のもとでの女性の貧困化、特に女性世帯主と高齢者への配慮を訴えています（Press Release, SG/SM/6907, WOM/1099）。この年は「国際高齢者年」でもありました。

以上、「国際女性デー」が国連デーとなるいきさつやその後の国連システムでのとりくみを紹介して一九九〇年代終わりまできました。一九一〇年代、国際女性デーにあたって、その創設者クララ・ツェトキンが、平和と女性選挙権獲得と社会主義をめざすアピールを行い、一九二〇年代はじめには幾度か、レーニンが、女性解放にとっての社会主義建設の役割について檄を発しました。そして一九七七年以降は、国連事務総長がこれにかわってメッセージを送り続けています。これらに、世界の女性が直面する課題の変化を読み取ることができます。その意味では、国際女性デーはこれまで以上に国際化したのです。ここで社会主義という語が落ちます。

その結果、これまでは国際女性デーとは縁遠かったであろうと思われる地球上の各所・階層に、国連の影響を受けたと思われる国際女性デーにちなんだ報告を見るようになりました。例えば、タイのタマサート大学法学部マリー・プルックポンサワリー助教授が参加しているＮＧＯ「女性の友（ＦＯＷ）」が、一九八一年三月七日～八日に国際女性デーの祝賀イベントを催した（原他編　1996, p. 348）とか、タイのコンケン大学の人文・社会科学部に「女性学プログラム」が設置されたのは、一九九〇年の三月八日の国際女性デーであり、これは、一九九三年の国際女性デーには、「女性センター」に改編された（原他編　1996, p. 323）とか、オーストラリアのグリフィス大学では、一九九三年三月八日の国際女性デーに合わせて女性ネットワークを創設した（原他編　1996, pp. 456–457）といったようにです。一九九六年三月八日にはネパールの首都カトマンズで「女性にも財産権を」をテーマに女性たちが行進し（松井　1996, pp. 182–183）し、同年ラオスでは国際女性デーを記念する切手が発

1996年の国際女性デーを記念するラオスの切手

行されています。

一九九八年、韓国では三月八日の国際女性デーを記念して、「雇用安定と社会的平等をめざす全国女性労働者大会」が開催されたとのことです。これは史上初めて民主労総と韓国労総、韓国女性労働者会協議会（以下、女性労働者会）が共同で主催した集会でした。

民主労総機関誌『労働と世界』九八年三月二十日号（『社会評論』一一二号、一九九八年五月掲載記事による）は次のように報道しています。

この日、ソウルでは、一〇〇〇名を超える参加者がヨイドの住宅銀行講堂を一杯にした。タン・ビョンホ民主労総非常対策委員長は大会辞で「三・八女性大会が両ナショナルセンターと女性労働者会共同主催で進められていることには大きな意味がある」、「女性の優先解雇反対とともに、女性労働者中六二%が五人未満の零細事業場で働いている以上、これらに対する差別をやめさせなければならない」と述べた。

一方、パク・インサン韓国労総委員長は、大会辞《ママ》で「社会全般にわたって蔓延している性差別制度と慣行、解用不安を解決するために、女性労働者みずからが能力を開発して経済力を高めていかなければならない」と述べた。

この日開かれた女性労働者大会は、政府と資本に対し、雇用維持と就業拡大のための法案作成、違法な整理解雇と女性優先解雇に対する強力な措置作成、ＩＬＯ協約批准、経済破綻の責任者処罰・財閥改革、労働者の人事経営参加権保障、企業の透明性確保を要求した（本郷文化フォーラム女性労働研究会　1999, pp.184-185. による）。

アジア、オセアニアばかりではありません。アフリカ諸国においても、「国際女性デー」がとりくまれています（Beirut University College 1992）。

5　世紀を越える国際女性デー

二〇〇〇年、二〇世紀の終り、新千年紀の幕開け。三月六日付け国連の「プレス・リリース」（報道関係者への発表）では「事務総長は、女性デーに意思決定への女性の参加のバリアを取り除く必要を強調」という見出しで女性デーを「女性の権利と国際平和のための国連デー」と国連の正式名称で書いています。アナンは、この中で、平和の問題に触れ、「国連機関は、もっとも攻撃され易い女性を助け、難民の世話をし、軍事紛争のなかで女性の権利の法規範設定のために毎日働いている」となお続く困難な世界情勢のなかでの女性に対する国連の仕事についてふれています（Press Release, SG/SM/7325, WOM/1190）。

この年はアフガニスタンでは、タリバン政権が三月八日、公式に、カブールで国際女性デーを催しました。七〇〇人の各界女性が参加し、タリバンの指導者ミュラ・オマールが、タリバンのリーダーシップと女性のリーダーシップについて演説しました。この会には、国連代表、国連ジェンダーアドヴァイザー、国連カブール地区コーディネィター、国連高等難民弁務官事務所、国連開発計画、世界食糧計画の代表も参加していました

(http://www.un.org/womenwatch/news/articles/iwd2000.htm　最終アクセス日、2003. 2. 2)。

カナダのケベック女性連合が、二〇〇〇年三月八日から「国際貧困根絶デー」の一〇月一七日まで、「二〇〇〇年世界女性行進」として運動をくりひろげることを呼びかけ、ユネスコが後援しました。これには日本の女性団体も加わって、その最終日には世界各国の女性がニューヨークに集ったのです。この年ニューヨークでは六月に女性二〇〇〇会議が、また、九月には国連ミレニアム・サミットが開催されています。前者ではいわゆる「成果文書」、後者では二一世紀の国際社会の目標として「ミレニアム宣言」を採択しました。ミレニアム・サミットを契機に九つの目標と二八の指標をもつ「ミレニアム開発目標」（MDGs）がまとめられたのです。

さて、国際女性デーという世界の女性運動の川は、各国の民間女性運動の中で、女性デーとも、女性フェスティバルとも呼ばれて、それぞれの課題を掲げて二〇世紀を乗り越え、二一世紀に流れ込みました。国際女性デーの歴史理解や、伝統の理解に、また、女性運動の立場や流派に、多少の、いや根深い相違があったとしても、伝統と精神は、国連の誘導も作用して地球的規模で受け継がれている事実を認めることが出来ます。

二〇〇一年の国際女性デーには、アナンは、前年六月の国連総会特別セッションとして開催された「北京＋五」（既述ニューヨークでの女性二〇〇〇会議）で、世界の女性がまだ厳しい状況に置かれていたことに触れ、前年一〇月の国連安全保障理事会が、紛争の時代にあって「女性、平和と安全の課題」に焦点をあてたことについてふれています（Press Release, SG/SM/7726OVB/193, WOM/1262）。しかし、その年の九月一一日（ニューヨークとワシントンD.C.でのテロ事件の日）は、世界的紛争のくすぶりの結果として、いわゆる「世界を震撼させた日」となり、世界情勢は急速に風向きを変えました。

二〇〇二年の女性デーの声明で、アナンは、はじめて、すでに前述の二〇〇〇年の国連ミレニアム宣言に触れます。そして、ジェンダー平等と女性のエンパワーメントが持続可能な開発の生き生きしたツールだといっています。アナンはまた「女性に対するあらゆる差別撤廃条約選択議定書」批准国の増大や、二〇〇二年に開催される「開発のための国際金融会議」「持続可能な開発のための世界会議」にふれ、「女性の権利の達成は、女性だけの責任でなく、わたくしたち全員の責任であることを忘れてはいけない」というメッセージを送っています(Press Release, SG/SM/8141OVB/263, WOM/1320)。

日本では二〇〇二年になってはじめて、既述のように国内の国連組織がこの日を記念し、二〇〇三年には第二回目の集会がもたれました。この点については、第五章で触れることにします。

二〇〇三年三月八日はアメリカのイラク攻撃の前夜でした。戦争は三月二〇日に起きました。この日の世界の女性デーは「戦争反対」「ノー・ウォー」を特徴とします。しかし、アナン国連事務総長の国際女性デーのためのメッセージには、折から開催中の国連安保理の複雑な状況を反映してか、このことには一言も触れられていません(http://www.un.org/events/women/iwd/2003/sgmessage.html)。あるのは、ジェンダーの平等や女性のエンパワーメントのための「ミレニアム開発目標」だけです。国際女性デーの精神のひとつ「世界平和」(これはまた国連の「開発」「平等」「平和」のひとつ)が消え去っているのです。「平和」なくして「開発」も「平等」もないでしょう。これまでにない迫力の欠けるメッセージであったことは否めません。

＊　　＊　　＊

こういう問題を考えるためにも、国際女性デーの歴史を多面的に理解しておくことが必要なのです。

この本は、一九七七年の国連総会が国際女性デーを決めたことから書き起こしましたが、さらにその起源へ遡《さかのぼ》ってみましょう。その起源は、アメリカ合衆国に見出すことが出来ます。

注

（1）国連広報センターのホーム・ページ・アドレス　http://www.unic.or.jp

（2）激動といえば、この「女性解放のための労働者階級の闘争史研究会」という長い名の研究会（伊藤　1982b 参照）も、一九八九年一一月一一日に、クララ・ツェトキン教育大学（この大学はその後一九九二年一〇月廃校とされ、一部はライピツィヒ大学に吸収された）に設置された「女性史研究センター」に改組された。

（3）第二インターナショナルのこと。

（4）トライアングル・シャツブラウス会社の火事（Takaki 1993＝當田　1995, pp.495-496）

（5）この問題については、次章で述べるように、すでに一九八五年のテンマ・カプランの指摘で決着がついていたものと思っていたのが、なぜかぶりかえされているということである。その理由については調べがついていない。

Ⅱ

女性デーはアメリカ社会党の女性たちのアイデア

前頁：1933年アメリカ、ペンシルヴァニアでの国際女性デーの様子（Miller 1981, p.165）

Ⅱ　女性デーはアメリカ合衆国の女性たちのアイデア

1　女性デーの起源をめぐる多くの伝説

国際女性デーの起源には多くの伝説があります。わたくしは、そのこと自体が国際女性デーの生命の源のようにも思えるのです。世に広まった宗教や物語りには伝説がつきものでしょう。メキシコの地に降り立ったというマリア伝説からくる褐色のマドンナ、グアダルーペ聖母などがその例です。国際女性デーの起源をめぐる伝説を「国際女性デー伝説」と呼ぶことも可能ではないでしょうか。ここでその伝説をいくつか書いてみますが、すべてはアメリカ合衆国の社会主義的女性運動と関連することなのです。

①一八五七年三月八日　ニューヨーク説

まず、国際女性デーの起源を一八五七年三月八日のニューヨークの繊維工場の女性労働者のデモに求める伝説があります。これは、国際民主婦人連盟（ＷＩＤＦ）の機関誌『世界の女性』でツイーグラー（Ziegler 1966）や、フーゲル（Hugel 1970）が唱え、旧西ドイツのヘルヴェー（Herve 1979）やヴルムス（Wurms 1980）も主張し、日本においても婦人団体連合会が一九六三年以来一九七三年まで女性デーにむけて出していた解説パンフレットによって流布されてきました。旧東ドイツの歴史家ショルツェ（Scholze 1989）も、一九八五年にライプツィヒで開催された第九回クララ・ツェトキン・コロッキウムで、一八五七年あるいは一八五八年起源説を紹介しています。

ところが、アメリカのカプラン（Kaplan 1985, 1988）は、ショルツェと同じ一九八五年の論文で、一八五七年説は、一九五五年になってからつくられた伝説だと主張し始めました。その理由はまず、当時のニューヨークにそのようなデモンストレーションは存在しないこと、それにフランスのフェミニスト批評誌『ラ・ルヴュ・ダン・ファース』一二号（一九八二年秋号）で、一八五七年説は、事実無根（Kandel et al. 1982）と書いているということを紹介しています。カプランはこのことに衝撃をうけているようですが、フランスのフェミニスト誌は何と言っていたのでしょうか。一九八二年は、まだ東西対立の激しい時代であり、国際的にも、各国においても女性運動もイデオロギー闘争のただなかにあった時です。前章でみたように、モーロア内閣のイベット・ルーディ女性権利相のもとで、国際女性デーが、フランスの「公定記念日」とされたのがこの年です。『ラ・ルヴュ・ダン・ファース』誌は、「国際女性デー」を「神話に包まれた起源」として、「毎年三月八日にわたしたちは何を記念しているのだろうか」と政治的・イデオロギー的に錯綜したこの日の伝説を解きほぐそうとしています。同誌は、フランス共産党の『ユマニテ』や労働総同盟の機関誌『アントワネット』の、国際女性デーに関する叙述が一九五五年から一九五七年の間に、恣意的で作為的に一八五七年説を持ち出したと批判し、『ユマニテ』の一九五七年三月七日の記事を引用します。

三月八日が来ようとしている。一八五七年のこの日に、ニューヨークでお針子たちが、針と糸、そして時にはミシンを使って夜明けから夜中の一時過ぎまで働くことに疲れ、仕事場としてあてがわれていた物置部屋のような部屋を出、男たちのようにプラカードやのぼりを持って街を行進してから、一〇〇年目の三月八日だ。この行動は、労働界に大きな影響を与え、……中略……その噂はわたしたちの祖先の住む古きヨーロッパまで届いた。ヨーロッパの人々は、それでなくてもリヨンの絹織物工たちの英雄的な行為を賛え、一八四八年のバリケード封鎖の話は父から子に伝えられている。そのヨーロッパにとって、一八五七年三月八日にニューヨークで起こったこの出来事は、テーブルをドンと拳で叩かれたようなものであった。……中略……この三月八日の思い出は、労働者たちの記憶に鮮明に残り、一九一〇年には、ドイツ社会主義の闘士であったクララ・ツェトキンが、コペンハーゲンの会議でこの日を国際女性デーにしようと提案したくらいである。[1]

『ラ・ルヴュ・ダン・ファース』誌は、これに続いて、「わたくしたちは、この伝説にもっと興味をもたなくてはならない。どうして最近になって、はるか昔の事件に象徴的な意味を与えて賛えるのかということに……。おそらく、国際女性デーをソヴェトの歴史からひき離し、ボルシェビズムよりも古く、またインターナショナルな起源を与えることが必要だったのではないだろうか。同様に、アメリカ社会党に属した女性社会主義者の提案によるものではなく、もっと自発的に起こった事件を起源とすることが必要だったのではないだろうか。一八五七年という年は、クララ・ツェトキンが生まれた年である。つまり、インターナショナルな女性社会主義運動の一環として国際女性デーを設定したクララ・ツェトキンに最後の栄誉を与えるためにこの年が選ばれたのだ」と書いています。この叙述が一九七七年の国連決議以降の一九八〇年代に入ってからなされていることは何とも皮肉です。もっともフランスも国連の「女性デー」決議には反対していたことは前章で見たとおりです。

確かに、アメリカの労働運動史や、女性史を調べても、一八五七年時点で、ニューヨークの繊維・被服工場の女性労働者が、上記諸文献でいわれているような同一賃金要求のデモを行い得る状況にあったとは思われません。

一九八六年三月、私はニューヨークに赴き、ニューヨーク市立図書館の新聞リストを検索しました。同図書館には、一八五七年当時、ニューヨーク発行されていた『ニューヨーク・タイムズ』『ニューヨーク・トリビューン』をはじめとして、週刊誌を含めて二一紙誌の所蔵がありましたが、[2]もっともポピュラーな『ニューヨーク・タイムズ』の索引にも、関連語を見つけ出すことができませんでした。『ニューヨーク・ディリー・タイムズ』紙の一八五七年三月九日（月曜日）付けの、「今日のニュース」、あるいは「ニューヨーク市」の欄にも該当する記事は見当たりませんでした。

また、プリンストン大学のスタンセル（Stansell 1986）のような当時のニューヨークと女性の関わりをもれなく叙述したような研究書のなかにも、女性デーの起源に相当するような事実に関する記述は見当たらないのです。ただ、もっとも関連あるのではないかと思われる個所は次の通りです。

「一八五七年、企業が倒産し始めた時、日にざっと数千の人々が解雇された。一〇月の終りには衣服小売業の（総計三万人のうち）約二万人の労働者が失業した。それに呼応して労働者は、仕事がないという理由から、同業者仲間だけでなく、すべての男性（女性ではない）にも手をさしのべる失業者の運動を組織した。一八五四年から五五年に、そして再び一八五七年に数千の労働者が市議会から仕事と救済金を獲得するために行動した」（Stansell 1982, p. 199）。スタンセルは、わざわざ「（女性ではない）」という但し書きを附して運動の主体が男性であったことに注意を促しています。

一八五〇年代は、アメリカの労働者は一〇時間労働の要求を掲げており、ローエルやマンチェスター（US

A）の女性労働者がゼネストを打つ計画を討議したりもしましたが、労働運動自体が弱体で、ストライキには到りませんでした（Hymowitz et al. 1978, p. 134）。一八五七年は、アメリカの労働運動史あるいは女性史においてもニューヨークの女性繊維労働者がその労働条件改善のために独自要求をもって街頭をデモンストレーションしたという記録をわたくしは見出すことはできませんでした。

②一九〇四―一九〇七年三月八日　ニューヨーク説

次に、二〇世紀初頭一九〇四年から一九〇七年の間のニューヨークの女性労働者の行動に国際女性デーの起源を求める説があります。

二〇世紀冒頭、一九〇一年七月二九日、アメリカ社会党（The Socialist Party of America）が結成されました。実は、この党に結集した女性たちの女性参政権獲得運動の新しい活動スタイルとして女性デーが創造されていくのですが、それに気づいた論者の多くも事実を正確に把握しているわけではありませんでした。また、アメリカ社会党の研究者は、女性デーの流れをこの党の歴史に意識的に位置付けていません。そうしたことが、年号や日付の点でさまざまな伝説を生んでいったと思われます。

まず、日本婦人団体連合会の初期のパンフレット（1963, 1966）、および、三井礼子さん（三井　1963, p. 103）の一九〇四年説がありますが、これは、同年、三月八日ニューヨークで、パンと参政権要求デモを行ったことに端を発するというものです。

また、石垣綾子さんと坂西志保さん（石垣ら　1957, p. 101）の一九〇六年説があり、ニューヨーク・イーストサイドで女性参政権要求のデモを女性デーの起源としてあげています。

他に、前述一八五七年三月八日の五〇周年記念として、一九〇七年三月八日に祭典がもたれるとする一九〇七年説もあります（Kaplan 1985, p. 164）。この一九〇七年説は、一八五七年から五〇周年ということと関連しているのでいわくありげです。

このように、一九〇四年、一九〇六年、一九〇七年と女性デーの起源に関しては多様な説があります。前章で国連のリーフレットには「国際女性デーは、歴史を作る人としての普通の女性の物語である。それは、男性との平等な地位を求める社会と社会変革に参加するための女性の古くからの戦いに起源をもっている。古代ギリシャにおいては、リュシストラテは、戦争を終わらせるために男性に対する性のストライキを起こした。フランス革命の時、〈自由、平等、友愛〉を叫びながらパリの女性たちは女性の選挙権を要求してヴェルサイユを行進した。国際女性デーのアイデアは、工業化された世界が、拡張・動乱・爆発的人口増大とラディカルなイデオロギーの時期にあった世紀の変わり目に、初めてもちあがったものであった」と、古代にまで遡《さかのぼ》って書かれていたことを思い起こしましょう。

ともあれ、文献で確認される女性デーの起源は、一九〇九年二月の最終日曜日（二八日）であり、その背景には、二〇世紀初頭のアメリカの社会主義の運動があります。その事情を詳しく見ていきましょう。

2　決め手は二〇世紀初頭のアメリカ社会党の女性たち

後述するように、一九二〇年代日本への国際女性デーの導入のキーパーソンである山川菊栄は、国際女性デーに関して書き残したものをみますと、女性デーの起源とアメリカを結びつけることに関しては、いづれの年を問わずなぜか否定していました（山川 1949）。そのことは、第五章で触れることにします。しかし、アメリカ社会党に集った女性たち、第二インターナショナルと関わりをもった女性たちに、女性デーの起源があることは否定できません。

①アメリカ合衆国　一九〇一～一九〇七年まで

一九〇一年七月二九日、アメリカ社会党が結成されたことはすでに述べました。この年は、明治三四年で、日本でも社会民主党が結成されています。インディアナポリスでのアメリカ社会党創立大会では、一二八人の代議員中、女性が八人いました。その時の綱領には「男女の平等な市民権と政治的権利」の獲得をうたっていました。女性社会主義者は農村や都市で活躍していましたが、都市のドイツ系アメリカ人の女性社会主義者は、一八世紀後半以来ドイツ社会民主党の女性運動の影響下にありました。

アメリカ社会党に結集した彼女たちは、「全国女性社会主義同盟」（Women's National Socialist Union）を組織し（Buhle 1981, p. 135, 伊藤 1983）、一九〇四年全国大会をもちました。しかし、社会主義運動にはつきもののさまざまな意見の対立も内包していたことは確かです。

一九〇七年六月、彼女たちの中の一人、ジョセフイン・コンガー・カネコ（松尾 1983, 大橋 2000, 2002）は、その夫の日本人の金子喜一[3]とともにシカゴで、社会主義の見地にたった新しい女性月刊誌『社会主義女性《ソーシャリスト・ウーマン》』を発刊しました。翌一九〇八年初夏からは、二人の移転先カンサス州ジラードで二一号まで発行され、一九〇九年三月には誌名を『進歩的女性』に変え七五号まで出しました。その理由は、「社会主義」ということばを特に女性労働者が恐れているから読者の拡大は難しかろうという配慮からだったと言われています（大辻 1980, p. 37 参照[4]）。この雑誌は、当初アメリカ社会党の女性たちの「非公式」の機関誌ともいうべきもの（Miller 1981）でした。

一九〇七年、『社会主義女性』を発刊の直後にドイツのシュツットガルトで、第二インターナショナルの第一回国際社会主義女性会議が開かれています。アメリカ社会党の女性たちは第二インターナショナルと関わりをもっていました。この会議に先立ってドイツ語で出された報告書に、『社会主義女性』の編集者からの手紙」としてジョセフイン・コンガー・カネコ、ならびに「アメリカ進歩的女性の全国同盟の報告」が、マリー・ウイルシーレとサディ・M・シュヴェーデンの名で載っていることがその証拠です。[5]

コンガー・カネコは、この手紙のなかで、アメリカにおける、社会主義の視点から女性問題を啓発し、解明する紙誌の状況と役割について報告しています。[6]

②一九〇八年のこと

一九〇八年五月一二日シカゴで開催されるアメリカ社会党全国大会の直前に、社会主義女性の組織問題を検討するため、女性の集まりがもたれ、全国女性委員会（The Women's national Committee＝ＷＮＣ）が結成されました。[7]それには赤ちゃんを抱いた一四人を含む二〇〇人近い女性が出席したとのことです。会議では、女性の地位の問題を検討するために任命された特別の委員会がレポートを提出しましたが、それは、女性と子どもの間での組織的教育の計画や、特別の宣伝物の発行や、女性労働の状態調査についての輪郭をのべたものでした。その要点は次の通りです。

一、女性の間での組織活動に心を配り、それを運営するために五人の特別の委員が選ばれるべきであること。

二、アメリカ社会党は、すでに決議されている活動分野に恒常的に女性オルガナイザーを配置できるようにこの

右上：金子喜一とジョセフィン・コンガー・カネコ（『初期社会主義研究』2000, No.13, p.164）
左上：メイ・ウッド・サイモンズ（Miller, 1981, p. 55）
右下：メタ・シュテルン（Buhle 1981, P. 272）
左下：ウィニィ・ブランシュテッター（Miller 1981, p. 19）

委員会に十分な財源を保障すべきこと。三、この委員会は、本部と直接協力し、全国党委員会の指揮のもとにおかれるべきこと。四、この委員会は、全国大会によって選ばれるべきこと。しかし、委員会は必ずしもこの大会の代議員からなる必要はないこと。五、特別のオルガナイザーの生活費以外の、女性委員会の仕事を遂行するために必要とされる他のすべての資金は、委員会によってまかなわれるべきこと。六、一九〇八年のキャンペインの間にオルガナイザーとして任命された女性は、選挙権を現に獲得している州で仕事を従事すべきこと。委員会のなかの一委員が、「少数意見」を提示しましたが、代議員たちは、この報告を支持し、ここにWNCが成立することになったのです。ブール（Buhle 1981）は、「WNCの創立は社会主義運動の重要な転換点を特徴付けるものであった」と言っています。五人の委員会に選ばれたのは、メイ・ウッド・サイモンズ、アントイネッテ・コニコウ、ウィニィ・ブランシュテッター、マーガリテ・プレヴェイ、メタ・シュテルン[8]で、そのなかのプレヴェイが、最初の全国女性オルガナイザーとなりました。

アメリカの社会主義女性の内部やWNCの内部にも、女性組織とアメリカ社会党との関係についていろいろな意見がありましたが、社会党の全国執行委員会は、「わたしたちの意見によれば、WNCと全国オルガナイザーは、社会党の一委員会として創立されたものであり、その努力は、党と分離した組織をつくるためにではなく、党組織内の女性の構成要素を増やす方向に向けられるべきである[9]」といっています。サイモンズ、コニコウ、ブラウンシュテッター、プレヴェイは、この見解に賛成でしたが、一人シュテルンは反対意見を持っていました。

さて、WNCが組織された一九〇八年は、アメリカ社会党が、「女性問題に目覚めた時期」といわれています。その時代的背景として、忘れてならないのは、一つは、国内の市民的な女性選挙権獲得運動の盛り上がり（上野 2003）であり、その一つは、前述、一九〇七年シュトゥットガルトで開かれた第二インターナショナルの世界大会での女性選挙権に関する決議です。

アメリカ国内でも、社会党のいくつかの地方組織が、第二インターナショナルの決議にそって政策を打ち出すことが必要だと主張し、特に、綱領のなかに強力な選挙権に関する一項目を入れて、積極的キャンペインを始めるべきだと要求していました。アメリカ社会党は、一九〇八年に創立されたＷＮＣにこの課題をゆだねようとして、年次計画の中に、リーフレットの発行、選挙権講師団の養成、作戦の討論等を組み込みました。

一九〇八年一二月八～二〇日まで、シカゴで、アメリカ社会党執行委員会が開催されました。一九日（土）の午前のセッションで、ＷＮＣ書記長ブランシュテッターからの手紙が「女性選挙権問題についての宣伝目的ですべての大都市で一日の大衆的集会を呼びかける決議」を勧告していることが報告され、「われわれは社会党の全地方組織に、一九〇九年二月の最終日曜日を女性選挙権要求のデモンストレーションのための日とすることを勧告する」という動議が採択されました。

このように、一九〇九年二月の最終日曜日（二八日）という日が指定されたのは、一九〇八年一二月一九日のこの動議の採択によってです。後に「女性デー」と言っているには、実はこの「女性選挙権要求のデモンストレーションのための日」のことに他なりません。一九〇九年二月の最終日曜日の女性の権利のための大衆集会、すなわちアメリカにおける女性デーは、このような背景のもとにアメリカ社会党のＷＮＣの指導力によって始められたのです

③一九〇九年のこと

一九〇九年にはいると、ニューヨークで発行されていた労働者向け日刊紙『ニューヨーク・イヴニング・コー

ル』に関連記事がみられるようになります。同紙二月一五日付けには、「選挙デー」（へーべという名で書かれていますが、これは、メタ・シュテルンのペンネームです）という論説が載り、そのなかでも「全国執行委員会の勧告によって社会党は二月の最終日曜日を選挙デーとすることにした」として、サフラジスト(10)（女性参政権論者）がではなく、社会党という政党が女性選挙権を要求する運動を支持していることを強調し、「社会主義者は、最終的目的としてではなく、より高度な目標に向かう手段としてのみ女性のための投票を獲得しようとするのだ」と説いています。

先にも述べたとおり、一九〇九年二月の最終日曜日は二八日でした。当時の『ニューヨーク・イヴニング・コール』は日曜日は休刊であり、三月一日（月）と二日（火）の二日間にわたり女性選挙権問題を特集しています。三月一日付けは、全八ページ中、終わりの三ページが特集にあてられていますが、二日付けで、「サフラジストとソシアリスト、女性選挙権を要求」として二八日の女性デーの報道が行われています。

それによれば、「全国委員会の要請で、社会党は日曜日の午後全地方でデモストレーション、会合をおこなった」とし、ニューヨークでは、マンハッタンでマリーヒルライシアムに二〇〇〇人が参加してアピールを行い、ブルックリンのレイバーライシアムで会合、パークサイド教会での歌、その他ロングアイランドのフェスラーホールや、イーストサイドのプログレッスアッセンブリルーム、ヨンカーズでは、市民図書館ホールで会合がもたれたとのことです。

④一九一〇年のこと

さて、一九一〇年も二月最後の日曜日（二七日）に女性デーがもたれました。この年『ニューヨーク・イヴニング・コール』は、『ニューヨーク・コール』と名を変えて日曜日も発行されるようになっていました。

前日『ニューヨーク・コール』二月二六日付け三面には、ニューヨークの集会の予告が「大衆選挙権集会　女性デー、二月二七日（日）午後二時三〇分、カーネギーホール、演説者　フランクリン・H・ウエントワース、シャーロッテ・パーキンス・ギルマン、ローゼ・シュナイダーマン、キャリー・W・アレーン、入場料はボックス以外は無料、開場は二時、主催は社会党ニューヨーク地区女性委員会」として載っています。ギルマンの名前に注目しましょう。

さらに、女性デー当日の『ニューヨーク・コール』紙購読を勧める勧誘文も書かれています。その口上は、女性デーの性格を物語っていると思われますが次のようなものでした。「この日曜日は女性の日（Women's Day）です。当日の当紙はいまだかつてなかった最上の女性の新聞となるでしょう。あなたが女性であるならば、社会主義者であろうとなかろうと、あなたが社会主義者であるならば、女性であろうとなかろうと、あなたが労働者であるならば、男性であろうと女性であろうと、あなたが市民であるならば、労働者であろうとなかろうと、……当紙を買い損なうことのないように」。

この宣伝にある女性デー当日の二七日付けでは、同紙全一六面中、九面以降のすべてをアニタ・C・ブロックによって編集された女性デー特集に当てています。その中に、ドイツのアウグスト・ベーベルの挨拶が入っています。もう大分前のことですが、一九八七年三月、アメリカのウイスコンシン歴史図書館でこの文に触れたときの胸のときめきを忘れることができません。全文を掲げておきます。

〈女性デーのための挨拶〉

アウグスト・ベーベル

二〇世紀は社会改良の世紀だとしばしばいわれて来ました。私は、この世紀は、人間の抑圧と他人による人間の搾取の最後の痕跡を取り除くことを運命付けられた社会革命の世紀だと考えます。

この目的を達成することは、プロレタリアートの使命であるばかりでなく、プロレタリアート以上に人権や市民権を否定されている女性の使命です。

この精神で導かれ、その理由の高尚なることによって奮いたたされる女性運動は、文明のもっとも高い目的に貢献するのです。

権利と機会の両性の完全な平等なしに、最も高い形態における人間的自由と文化は実現しません。

新しい世界は、多くの点で古い世界より、より進歩的です。新しい世界が、人間的自由の新制度を打ち立てることにおいて先頭にたつことを願います。

私は、もし、デモンストレーションが、進歩の先駆者を演じ、成功の栄冠をあたえられるならば、あなたがたの全国女性デーが疑いもなく国際的重要性をもつものとなることを確信します。

一九一〇年二月三日

ベルリン近郊シェーネベルクにて

同紙二月二八日付けは、カーネギーホールに三〇〇〇人が集まったこと、ストライキ中のフィラデルフィアの労働者支持と言論・出版・集会の禁止への抗議決議を採択したこと、ヨンカーズでも女性の大集会がもたれたことを報じています。

左上：シャーロッテ・パーキンス・ギルマン（Gilman 1991，扉）
右上：ローゼ・シュナイダーマン（Buhle 1981, P. 272）
左下：晩年のアウグスト・ベーベル（Götze 1982, p. 11）
右下：アニタ・C・ブロック（Buhle 1981, p. 272）

先に触れた『社会主義女性』を改名した女性月刊誌『進歩的女性』は、一九一〇年四月号で、この年の女性デーのレポートを載せています。

それによれば、ニューヨーク市のカーネギーホールは、開場前から参会者であふれ、満員の盛況でした。地区女性委員会書記長マリー・オーベルランダーが開会を宣言し、集会の議長メタ・シュテルンを紹介しました。シュテルンが女性デーの意義と目的について述べました。この日のチーフスピーカー、フランクリン・H・ウェントワースの後、キャリー・W・アレーン、ローゼ・シュナイダーマン（女性労働組合連盟の副議長であり、イーストサイド地区のオルガナイザー）、キャロライン・ヴァンナム、シャーロッテ・パーキンス・ギルマンが演説しました。前年とほぼ同じ顔ぶれです。ギルマンがこのようにアメリカの女性デーと深く関わっていたことがわかります。最後に『ニューヨーク・コール』紙の副編集長アニタ・C・ブロックが決議文を読み上げて満場一致で採択されました。決議文の全文はつぎの通りでした。

Ｉ、一に、言論の自由を否定し、二に出版の自由を禁止し、三に平穏な集合を妨げて、不当な投獄や、不正な罰金の重荷をもたらすという一貫した試みが、法廷の命令と専横な有罪判決を通じて、司法的権威側に置かれたひとびとのこれまでの宣言であったがゆえに、また、こうした合衆国憲法の最初の修正が、あきらかに言論や出版や人々の穏便な集会の自由の剥奪があってはならないと規定しているがゆえに、自らの市民権を剥奪され、それゆえに市民権を奪われた全ての人々に特別の共鳴をもって、今日ここに集う女性は、前記列挙のような組織の暴挙にたいして抗議し、さらにこの抗議の写しをすべての労働組合、同業者組織、選挙権要求団体および他の進歩的組織や当市の新聞社に、それらの公的賛同を得るために送ることを決議する。

Ⅱ、われわれニューヨーク市民は、カーネギーホールに集まった大衆集会において、フィラデルフィアの自動車マンのストライキに共鳴し、彼等の勇敢な闘いにおいて彼等自身の経済条件だけではなく、全労働者階級の経済条件の改良のために成功されんことを熱烈に希望することを表明し、さらに、この集会の利益の一部をフィラデルフィアのストライキ基金に提供することを決議する（『進歩的女性』1910. April. p. 11）。

この決議文を掲載した『進歩的女性』一九一〇年四月号には、サンフランシスコ、ニュージャージー、ロチェスター、シカゴの女性デーの様子も報告されています。

以上にみるように、一九〇八年のアメリカ社会党ＷＮＣ結成後の女性運動の一つの形態として、女性選挙権のための行動の日としての女性デーがアメリカ各地に定着していくことがわかります。

3　アメリカでの女性デーの国際化

一九一〇年五月、全国社会主義者会議（National Socialist Congress）が開かれました。五月一八日のイヴニング・セッションで、サイモンズはＷＮＣを代表して「女性の間でのプロパガンダ」に関する報告を読み上げました。彼女は一九〇八年以来の活動を報告して最後にいくつかの勧告を行ないました。そのなかに「工場内の女性の地位は、彼女の政治的権利の剥奪の直接的結果として男のそれよりはるかに低いものであるがゆえに、また、社会党が、性に関わりなく労働者階級の直接の代表者であるがゆえに、社会党は、性、皮膚の色、あるいは人種に関わりなく平等な選挙権を要求し、そのために活動し、それを擁護し、働きかけることを誓約することを決議する。

われわれは、地方組織が、少なくとも月に一度、女性選挙権獲得を働き掛けるために、集会をもつよう勧告する。われわれは、我が地方委員会の女性があらゆる機会に、社会主義的観点から選挙権について討論するように勧める。……屋内外の集会を催し、文献を広め、例年の党の記憶すべき出来事、二月の最終日曜日の女性デーの催しを行なう。

われわれは、女性デーの前の日曜日を資料の一般配布の日とすること、国際会議にゆくわれわれの代表が、二月の最終日曜日を、国際女性デー（International Women's Day）として提議するように指令することを勧告する」というくだりがあります。

ここで、国際会議といっているのは、同年八月に開催されることになっていた第二インタナショナルコペンハーゲン会議かその女性会議のことと思われます。この会議については次の第三章でとりあげますが、わたくしたちは、はじめて、アメリカの女性デーと、コペンハーゲンとの結び付きを、ここにみることができます。しかしこれまでの研究には、アメリカ社会党の女性運動を問題にしている場合も、この繋りという点にまで触れているものが見当たりません。『進歩的女性』一九一〇年八月号には、国際会議に出席する三人の女性代表が写真入りで紹介されています。

三人とは、メイ・ウッド・サイモンズ、レラ・トワイニング、そしてレナ・モロウ・ルイスでした。

紹介記事によれば、メイ・ウッド・サイモンズは、シカゴ大学で学位（Ph. D）をとった才媛で、過去一二年の間、社会主義のために講義し、ものを書いてきましたが、その当時は、彼女の夫がチーフ編集長をしている『日刊社会主義者』の副編集長をしており、すでに彼女の活動と影響は広い規模に及んでいるということでした。レラ・トワイニングは、デンバー地区で母親とともに社会党の活動に加わっています。当時は、メキシコ難民の

左上：レナ・モロウ・ルイス（Miller 1981, p. 69）
右下：アンジェリカ・バラバーノフ（『進歩的女性』1910年8月号3面）
左下：アレクサンドラ・コロンタイ（杉山 1994, p. 2）

ための仕事や、フィラデルフィアのストライキの中で貴重な仕事をしているとのことです。レナ・モロウ・ルイスは牧師の娘で、禁酒運動、選挙権運動で活動していましたが労働者階級に近づき、社会主義の陣営にやって来たという紹介でした。彼女の知的活動がアメリカ社会党を助けているとのことです。

彼女たちは、一九一〇年八月一七日にニューヨーク市からルシタニア号で出発し、六日間の航海の後、イギリスの土を踏みました。陸路の旅の後、イギリスの仲間とともにデンマークを目指して再び船に乗ります。旅の様子は、ルイスが『進歩的女性』に送った手紙に詳しく書かれています（『進歩的女性』1910. Okt. pp. 2-3)。

彼女たちが到着した時、コペンハーゲンの女性会議はすでに始まっており、初日（八月二六日）の夜の部の最中でした。

二日目に行なわれた制限選挙権か普通選挙権かの議論についてレナ・モロウ・ルイスは手紙でも触れています。しかし、かんじんの国際女性デーの提案が三人の代表の誰によってどのようなかたちでなされたか、どのような討議があったかついては、ルイスの手紙にも、報道にもなんら叙述がありません。

『進歩的女性』は、一九一〇年一〇月号でこの女性会議について、ロシアのアレクサンドラ・コロンタイやロシア人でイタリア在住のアンジェリカ・バラバーノフの写真を大きく掲げて報じていますが、やはり、国際女性デーについては何も書いていませんし、国際女性デーの決議にはふれてもいません。その理由についてはさらに検討を要するでしょうが、わたくしがこれまでに調べたヨーロッパ側の資料で補えば、コペンハーゲンの第二回国際社会主義女性会議に先立って、サイモンズは、一九一〇年五月一八日の、アメリカ全国社会主義者会議のイヴニング・セッションでの報告とほぼ同じ内容のものを第二インターナショナルに送りました[11]。そのなかで、彼女は、アメリカ社会党の女性選挙権運動のスタイルを述べて女性デー方式が効果的であることから、それを国際女性デーとして、世界的催しにしようと提案していました。
ヨーロッパ側からの国際女性デーは次章で扱うこととし、アメリカのその先を見ておくことにします。

4　一九一一年以後のアメリカの女性デー

一九一一年以後のアメリカ一国の女性デーは、国際女性デーとなってヨーロッパ各国に伝えられ、欧米で開催されるのですが、ヨーロッパ側の文献では、アメリカのことをほとんど押さえることができていません。特にドイツの文献では、一九一一年のはじめての国際女性デーは、ドイツ、オーストリア、デンマーク、スイスで取り組まれたとしており、アメリカについては、一貫性がなく、系統的に把握していたとは思われません。一九一二年にオランダ、スウェーデン、一九一三年にロシアとチェコスロヴァキアが加わり、一九一四年にフランスが加わって国際的な行事となるのですが（年表参照）が、一九一五年などは、第一次世界戦争勃発と第二インターナショナルの崩壊という情勢のなかで、各国で実施が不可能となり、スイスとノルウェイでの開催だけが把握されていたとされています。

しかし、アメリカの女性たちは、一九一五年もなお、国際女性デーの催しを、二月の最終日曜前後に行なっていたのです。一九一一年から一九一五年までのアメリカの女性デーについて、資料的に以下とりあげておきましょう。

①一九一一年

当時ニューヨークで出されていた、労働者向け日刊紙『ニューヨーク・コール』は、毎年女性デーについての情報にかなりのページを使っていますが、一九一一年二月二三日付けには次のような予告を載せています。

選挙権大衆集会　女性デー
一九一一年二月二五日（土）午後八時
カーネギーホール、五七番街七
演説　フローレンス・ケリー
　　　メイ・ウッド・サイモンズ
　　　ロナルド・D・ソーヤー
　　　ジョン・スパルゴ
議長　アニタ・C・ブロック
歌　　J・W・ゲイツ
社会党ニューヨーク地区女性委員会主催

この年は、これまでと異なり、二月の最終日曜日にいっせいに行なうというのではなく、ニューヨークでも、マンハッタンは、上記のように二五日（土）、ブルックリンは、翌二六日（日）にもたれています。

一九一一年二月二五日付け『ニューヨーク・コール』は、「女性デー」と題して、「今夜と明日、全国で多数の集会がもたれるが、その重要性は、女性選挙権の訴えにある」といい、二六日付けにはブルックリンの集会の予告が載り、二七日付けには、それは「熱狂的な集会」だったと報じています。

女性デー集会
本日二月二六日（日）午後二時三〇分
ブルックリン　レイバーライシアム
演者　ベルタ・M・フラッサー
　　　ロナルド・D・ソーヤー
　　　アニタ・C・ブロック
　　　キャリー・W・アレーン

一九一一年ドイツとオーストリアでは、一八四八年の三月革命の犠牲者を記念して毎年行なわれている労働者のデモの日、三月一九日（日）にあわせて国際女性デーの行進を行なっています。

②一九一二年—一九一五年

一九一二年は、アメリカの女性デーは二月二五日（日）に行なわれました。同日『ニューヨーク・コール』は、次のような予告を載せています。

女性選挙権デーのための社会党のプログラム　今夜
パブリック　シアター　ウエストブロードウエイ四二番通
音楽

アリス・ストーン―ブラックウエル「女性の解放」
メイ・ウッド・サイモンズ「働く女性と選挙権」
ジョージ・ラン「社会との政治的・経済的関連における女性」
ソル・フリードマン「女性と社会主義」
議長　ローゼ・シュナイダーマン

一九一三年は、二月二三日（日）に、ニューヨークで二つの女性デーの集会がもたれました。二四日付け『ニューヨーク・コール』は、それを「社会主義女性の記念日」と呼んで報じています。まずマンハッタンでは、前年と同じパブリックシアターで、メオ・イノ・マールンベルク、メタ・シュテルン、マリー・B・マクドナルド、ジョン・ブロックが、世界の女性運動の発展について演説しました。司会は、ミリアン・フイン・スコットが務めたとのことです。また、ピアノとヴァイオリンの演奏がありました。ブルックリンでは、ナソーニック寺院で人民フォーラムが開かれ、ヘレン・シュロスとイルヴイン・トゥッカーが演説しピアノの演奏がありました（『ニューヨーク・コール』、Feb. 24, 1913）。

一九一四年は、二月二二日（日）に、ニューヨークのマンハッタン、ブロンクス、ブルックリン、クイーンズで集会がもたれ、二三日付け『ニューヨーク・コール』によって「フェミニストの抵抗の進歩を示す」と報じられました。

さて、一九一五年のアメリカの女性デーは、二月二八日（日）にもたれ、「女性デーは、社会主義、選挙権、正義のために数千人の喝采によって栄誉ある日とされた」と報じられました（『ニューヨーク・コール』、March

1, 1915)。この年、ドイツをはじめ、互いに第一次世界大戦の交戦国となっていたヨーロッパの諸国の多くは、女性デーのあつまりをもつことはできませんでした。

時代は少し飛びますが、一九三三年ヨーロッパがファシズムの暗雲の中に閉じこめられているとき、アメリカのペンシルヴァニアでの国際女性デーの貴重な写真がありますので、掲げておきました（本章扉）。

＊　　＊　　＊

それでは次の章で舞台をヨーロッパに転じましょう。

注

（1）　これは、第三章でみるように事実に反する。

（2）　*Checklist of Newspapers and Official Gazettes in New York Public Library*, Compiled by Daniel C. Haskell.

※*The Albion ; or, British, Colonial and Foreign Gazette, The Asmonean, The Citizen*（*supplement*）, *The European, Evening Post. Daily ed., Evening post. Semi-Weekly ed., The Independent, Irish America, Jewish Messenger, Morning Courier and New York Enquirer, National Anti-slavery Standard, New York Family Courier, New York Herald, New York Journal of Commerse. Daily ed., New York Times, New York Tribune, New York Weekly Times, New York Weekly Tribune, Der Pionier, etc.*

（3）　金子喜一とジョセフイン・コンガーについては、他に、山泉（1989）、松尾（1989）の研究がある。そのほか、ジヨセフイン・コンガーについては、岡崎（1991）、金子喜一については大橋（2001）も参照。金子は、結核の悪化で一九〇九年六月日本に帰国し、同年一〇月に死亡（大橋　2000, p. 161）。

(4) さらに一九一三年一一月から名称を"The Coming Nation"と変え、一九一四年七月まで続いた。

(5) Berichte für die Erste Internationale Konferenz sozialistischen Frauen, Abgehalten in Stuttgart, am Sonnabend den 17. August 1907 vormittags 9 Uhr in der Liederhalle.

(6) Die Nationalliga fortschrittlicher Frauen Amerikas、英語名 The Women's National Progressive League.

(7) このＷＮＣについての日本での研究は大辻（1980）に詳しい。大辻は、「ＷＮＣは、『女性党員と婦人参政権の獲得』を目的とし、一九一五年まで社会主義者の婦人参政権運動を指導した」（p. 34）と書いている。

(8) この人物は、アウグスト・ベーベルの『女性と社会主義』第五〇版を英訳した。山川菊栄は、これを重訳して日本に紹介した。

(9) *Chicago Daily Socialist*, Dec. 28, 1908. May Wood Simons, "Aims and Purpose of Women Committee," *Progressive Women*, 3（Oct., 1909）2、（この文献は筆者未見、Mari Jo Buhle（1981, p. 151, とその文献注）からの引用。）

(10) サフラジストまたはサフラジェットとは女性参政権論者のこと。アメリカでは、一八四八年七月、ニューヨークのセネカ・フォールズで、エリザベス・キャディ・スタントンらによる会議が開かれ、女性参政権要求の決議が採択された。一八六九年にワイオミング州で実現し、その後いくつかの州に広がった。二〇世紀初頭はスーザン・アンソニらの運動が展開されていた。アメリカでは一九二〇年に全国レベルで女性選挙権が認められた（Wheeler 1995）。

(11) Berichte an die Zweite Internationale Konferenz socialostischer Frauen zu Konpenkagen am 26. und 27. August 1910, pp. 78—86.

Ⅲ

国際女性デーの誕生
ドイツの女性運動との合流

前頁：最初の国際女性デー、1911年3月19日、ベルリン（Wurms 1980, p. 22）

Ⅲ　国際女性デーの誕生——ドイツの女性運動との合流

1　第二インターナショナルの女性運動

前章でみたように、一九一〇年、コペンハーゲンで開催される第二回国際社会主義女性会議に代表を送ったアメリカ女性運動の母体は、アメリカ社会党の全国女性委員会（WNC）でした。WNCは、「両性のための平等な投票権」をかかげて活動していましたが、一九一〇年八月コペンハーゲンで開催される第二回国際社会女性会議に参加することとなり、それに先だってメイ・ウッド・サイモンズがWNCの活動をまとめた報告書をあらかじめ提出していました。その中でWNCが女性選挙権のための請願署名運動や、女性選挙権カンパニアとしての「女性デー」の催しを計画して成功していたことをのべていました。こうした背景から、WNCは、この「女性デー」を、一定の日を定めた国際的連帯行動デーにしようと、第二回国際社会主義女性会議で提案したのです。

国際女性デー創始のもつ意味については、当時のアメリカ合衆国の女性運動の歴史的背景と、ヨーロッパの女性運動の国際的動向との二つから説明されなければならないでしょう。

まず、コペンハーゲンの第二回国際社会主義者女性会議の背景となる、当時のヨーロッパの国際社会主義運動の動向をみておかなければなりません。一九世紀後半から二〇世紀はじめの国際的な社会主義運動は、フリードリヒ・エンゲルスが中心となって、一八八九年、フランス革命の百年を記念して二〇カ国、三九一人の社会主義者がパリに集まってつくった国際組織、第二インターナショナルの傘下で繰り広げられていました。第二インターナショナルというのですから、第一があるわけですが、第一インターナショナルは、一八六四年ヨーロッパと北アメリカの労働者を結集してロンドンで創立された国際労働者協会のことを指しています。これは、カール・マルクスが中心的役割を果たしていますが、一八七六年に解散しています。

さて、第二インターナショナルにたちもどりますが、一九一〇年までに、第二回大会は、一九八一年、ブリュッセルで、第三回は、一八九三年、チューリヒで、第四回は、一八九六年ロンドンで、第五回は、一九〇〇年パリで、第六回は一九〇四年アムステルダムで第七回は、一九〇七年、シュツットガルトで開催され、一九一〇年は第七回大会がコペンハーゲンで開催されたのです。第二インターナショナルでは、一八八九年第一回大会時に、クララ・ツェトキンが、女性労働問題に関する演説を行ったり、一八九六年の第四回大会時、大会に参加していた女性の私的集まりがもたれたり、一九〇〇年の第五回大会で、ルイーゼ・ツィーツが女性労働者の保護の問題で発言したり、一九〇四年の第六回大会で「女性選挙権に関する決議」が採択されています。

この第二インターナショナルのなかで、女性の最初の公的会議が持たれたのは、一九〇七年のシュツットガルト大会の時でした。大会の会期は八月一八日から二四日まででしたが、開会一日前の一七日から一八日まで、第一回国際社会主義女性会議が開催されたのです。この会議は、ドイツ社会民主党の女性たちによって準備され、公式にはオティーリエ・バーダーによって召集されました。議題は第一に各国の女性運動の報告、第二に女性運動の国際的連絡機関の設立について、第三に女性選挙権運動についてでした。

このような背景のもとで一九一〇年、第二インターナショナルの第八回大会がコペンハーゲンで開催されるわけです。当時は、帝国主義二大陣営間の軍備拡張競争が激化し、戦争の危険がさしせまったものに感じられていました。しかし、第二インターナショナルの諸大会で確認された戦術は、実行に移されていませんでした。ですから、コペンハーゲン大会は、ふたたび戦争の危機の問題をとりあげました。大会は、シュツットガルト大会でこの問題に関して採択された諸決定を承認し、議会で軍事予算に反対するという決定を行いました。その補足として、社会主義諸党には、軍事縮小と軍事撤廃、仲裁裁判所による国家間の紛争の審理を自国政府に要求することが勧告され、また、戦争の脅威にたいする世界の労働者の一致した連帯的抗議を組織することも勧告されました。ことばのうえでは、第二インターナショナルの指導部は以前の原則的立場に立ちつづけており、修正主義は理論的には否定されてはいました。しかし実際には、西ヨーロッパの社会主義政党の指導者は予期される戦争をめぐって祖国擁護派と革命派との間を動揺する中央主義の立場に移っていたのです。指導部の中央主義的政策は、第二インターナショナルから闘争能力を奪いつつあり、第二インターナショナルの諸党は、社会主義革命の党から社会改良の党へと変貌しつつありました。

2　一九一〇年、第二インターナショナルコペンハーゲン大会と国際女性デーの決議

一九一〇年、第二インターナショナルコペンハーゲン大会に先だって、第二回国際社会主義女性会議が開催されました。この会議には一七カ国から約百名が参加したといわれています。この会議では、クララ・ツェトキンによってフィンランドにおけるツァーリズムの抑圧がまずとりあげられ、アレクサンドラ・コロンタイによって女性選挙権、母子保護、平和問題、国際組織の問題が提案され、「国際女性デー」の決議と「平和のために」の決議が採択されました。

ではその時の決議とはどのようなものでしょうか。当時のドイツ社会民主党の中央機関紙『前進《フォアヴェルツ》』の一九一〇年八月二八日ならびに三〇日の付録は「第二回国際社会主義女性会議」を特集しています。特集は会議の経過を詳しく報道しており、「ツェトキン＝シュッットガルトが、毎年あらゆる国で女性デーを開催するように提案した」「共通の女性デーの開催を要求するツェトキン＝シュッットガルトの決議が満場一致で採択された」と書かれています。しかし、肝心の決議文はこの『前進』にも、第二インターナショナル・コペンハーゲン大会フランス語版議事録中の決議集にも掲載されていません。決議は、会議から二ヶ月近くも経って、クララ・ツェトキン編集の『平等《グライヒハイト》』一九一〇年一〇月一〇日付けに載っているのです。国際女性デーの決議案は、次に見るようにとても簡潔なものでした。全文を訳しても数行のものです。

「万国の女性社会主義者は、自国のプロレタリアートの、階級意識をもった政治的組織や労働組織と協調して、毎年国際女性デーを開催します。国際女性デーは、まず第一に、女性選挙権のための煽動につくします。権利の主張は、社会主義的見解にもとづき、全女性問題との関連において、詳細に吟味されなければなりません。女性デーは、国際的性格をもつべきであり、綿密に準備されなければなりません。

クララ・ツェトキン、ケーテ・ドゥンカー、その他女性同志たち(1)」

この内容には、第一に、国際女性デーは、たんに女性だけでなく、自国の労働者階級を代表する政治的組織や、労働組合組織といっしょにおこなわれるということが明記してあり、第二に、国際女性デーが、女性選挙権問題をはじめとするあらゆる女性問題にわたる要求をとりあげるよう指示し、第三に、国際的連帯のもとにおこなわ

左上：クララ・ツェトキン（Müller 1980, p.16）
右上：ケーテ・ドゥンカー（Kirsh 1982, p.64）
右下：1910年第二回国際社会主義女性会議の会場（Götze 1982, p.29）

れるべきことが付け加えられています。そして第四に、クララ・ツェトキン、ケーテ・ドゥンカー、その他女性同志たちと結ばれています。

国際女性デー創設の決議は、第二インターナショナルの女性運動に、実践、すなわち、国際的共同行動を提起したという点で、重要な意味をもっていたというべきでしょう。しかしこの意味については、クララ・ツェトキンら一部のもの以外、第二回国際社会女性会議そのものもそれほど深く把握していたとは限りません。伝記作家ルイーゼ・ドルネマンは、「この決議の採択は、コペンハーゲン会議を歴史的なものにして、会議の思い出をいつまでも生き生きとしたものにした。しかし、代表のほとんどは、この決議のもつ大きな意義について理解しなかったし、あるものは、決議の中に社会民主党のよりよい選挙宣伝への可能性以外の何ものも見出さなかった」(Dornemann 1973 p. 20) と書いています。

前章でみたように、国際女性デーの創始について積極的提案を行なったのは、第二インターナショナル・コペンハーゲン大会の代表となったアメリカの女性社会主義者だったはずです。しかし、そのことが読み取れませんが、国際女性デーに関する決議案は一方では、ドイツをはじめ各国での女性選挙運動のたたかいを国際的に連帯してすすめる意図を背景にすえながら、その他の女性の諸要求の実現をめざし、実はこの、アメリカの女性社会主義者の運動形態の先例にならって、アメリカ社会党の全国女性委員会代表の提案にもとづいて出されたものと推測されます。

一九一〇年の女性運動の国際的連帯の局面がアメリカ大陸とヨーロッパを結んでいたということ、クララ・ツェトキンをはじめとするドイツ社会民主党（ＳＰＤ）左派の、女性運動の当面する課題に対する確かな情報把握が、国際女性デーというアメリカ社会主義女性の提案を受けとめ、国際的連帯行動の日として具体的方針をつくりあげたことは、今日から振返っても重要なことと思われます。

次章で、一九一一年以降の、国際的な女性の動きを見ますが、一九一〇年の国際女性デーの創始のもつ歴史的意義の大きさ、その生命力にあらためて驚かされます。なぜなら、国際女性デーは、第二インターナショナルの時代を越え、問題の多かった第三インターナショナル（コミンテルン）を越えて、第一章にみたように、今日においてもなお、国際的、及び各国の女性運動に受け継がれ、その時々の歴史的課題にむけて幅広い女性によって取り組まれているからです。

国際女性デーの提唱は、当時の情勢と女性の要求にマッチした実践的意味をもつものであり、欧米を結んでのその創始は、第二インターナショナルの崩壊後も、国際女性運動の実践的基礎をつくったと云えましょう。国際女性運動が、二度の世界大戦を経験しても国際主義の立場に立ち得たのは、第二インターナショナルの諸決議を実践に移すことを常に心がけてきたシュツットガルト国際社会主義女性会議以来のクララ・ツェトキンの努力に負うところが大だったからと思われます。

なお、この第二回社会主義女性会議で、国際女性デーの決議とならんで、「平和闘争のために」と題する決議も採択されましたが、これもクララ・ツェトキンが起草したものでした。その決議は次のようなものです。

コペンハーゲンで開かれた社会主義女性の第二回国際会議は、戦争に反対するたたかいの問題については、パリ、ロンドン、およびシュツットガルトの国際社会主義大会の討議の基礎のうえに立つものです。会議は、資本主義的生産様式によってひきおこされた社会的諸矛盾を戦争の原因とみなしています。そういうわけですから、わたしたちは、平和の保証を、ひとえに、プロレタリアートの精力的な、目的を的確にとらえた行動と、

第二回国際社会主義女性会議の様子、中央の女性がコロンタイ、その右がツェトキン。（Müller 1980, 口絵）

社会主義の勝利に期待しています。

シュツットガルトの国際社会主義者大会の決議の精神をくんで、この平和の保証に協力することは、女性同志たちの特別の義務であります。この目的のために、わたしたちは、戦争の原因とその基盤—資本主義制度—および社会主義の目標に関する女性プロレタリアートの啓発を促進すべきであり、それがもとになって労働者階級の内部で権力の意識が強化されるようにしなければなりません。労働者階級は、今日の社会経済生活のなかではたす役割の力ゆえに、一定の事情により、平和の保証のために権力を確立することができるし、また確立しなければなりません。この目的のために、わたしたちの子どもたちを社会主義者へと教育することを通じてもまた、たたかうプロレタリアート、この平和の部隊が、ますます強大になり、そしてその数を増やすように配慮しなければなりません。(2)

この決議は、第二インターナショナル・コペンハーゲン大会に先立って、女性会議が、帝国主義戦争に反対する問題に関していち早くシュツットガルト決議をうけつぐことを宣言したものでした。この決議は、戦争の原因は資本主義制度の矛盾にあり、平和の保証は社会主義制度にあるという基本的考え方を示したものとして重要な意味をもっていました。

しかし、国際女性デーの決議を、前章でみたフランスの『ラ・ルヴュ・ダン・ファース』誌が一九八二年に批判しています。引用して考えてみましょう。

　インターナショナル大会に先だって集まった《各国の女性社会主義者》は、毎年《プロレタリアのための組合、及び政治組織と合意の上で》国際女性デーを組織し、《女性問題に関する社会主義全体の構想に従って》女性の投票権を要求することを決めた。こうして彼女たちは、《社会民主党が女性の平等を言葉だけに終わらせない唯一の政党であることを大衆に》示し、フェミニストたちの上に立とうとしたのである。

フランス語の原文中に付いている《　》の中の最初の三つは明らかに一九一〇年の決議文中の言葉とほぼ同じです。これは、一九八二年に書かれているのですが、国際女性デーが、国連の日になったとしても、根強い歴史的イデオロギー的対立の尾を引いている言葉です。

二一世紀も数年を過ぎ、やがてこの決議文の採択から百年になろうという今日の時点で、決議文をどう理解すればよいでしょうか。「階級意識ある政治的組織や労働組織」「女性選挙権」「社会主義」「全女性問題」「国際的性格」というのが決議文のキーワードです。第一章で見た国連の「女性デー」の決議文のキーワードは「すべての国」「女性の権利と国際的平和」「植民地主義、人種差別反対」でした。

女性運動を担う主体・力は変化・多様化し、取り上げる課題も異なり、解決へ向けての方法も時代とともに変わっていくでしょう。女性デーの出発点の時代の状況を凝縮して現した決議文の文言をそのまま受け止めて、新たな時代の課題へと展開させることが大事ではないかとわたくしは思います。国際女性デーは、このあと、次章でみる第三インターナショナルという、今日から見て評価が一つではない困難な時代を通らなければなりませんでした。その時代のあるがままの状況をまず受容し、その時代の思想を、今日に都合がよいように解釈しないというのが歴史を学ぶ上で大事なことでしょう。

3 国際女性デーと関わったドイツ人たち

国際女性デーの決議を書いたのは、クララ・ツェトキンとケーテ・ドゥンカーでした。これを見守っていたのはアウグスト・ベーベルでした。ベーベルはアメリカ社会党の女性デーの国際化を期待していました。この三人について少し書いておきたいと思います。

①クララ・ツェトキン（一八五七〜一九三三）

クララ・ツェトキンの名は、日本では、何よりも、国際女性デーの創始者として知られています。クララは、ケムニッツ近郊のヴィーデラウという小村に生まれ、ライプツィヒで教育を受け、パリ、シュツットガルト、ベルリンで活躍し、七五歳でモスクワに没しクレムリンの壁に葬られました。クララは、ドイツ・ブルジョワ女性解放運動の指導者ルイーゼ・オットー・ペータースの影響を受けて成長しました。しかし、徐々にベーベルらのドイツ社会民主党に近づき、亡命ロシア人オシップ・ツェトキンと知り合い、一八八二年の暮れ、オシップの追放先のパリで共同生活に入りました。クララは、その生涯がプロレタリア女性解放運動とともにありましたが、まとまった著作を残すことはなく、膨大な演説や著作は『選集』全三巻の他、小冊子として散らばっています。クララの文筆活動は一八八五年からパリで始まり、一八八九年には、第二インターナショナルの大会で女性労働問題について報告しています。その後ドイツに帰国して一八九〇年の暮れから、ドイツ社会民主党の女性向け機関誌『平等』の編集にたずさわります。以後クララは、二六年間もこの『平等』の編集長として働き、多くの論文を残しました。一九世紀の終わりに、ドイツ社会民主党は、「左派」と「修正主義」と呼ばれる二つの潮流に分かれましたが、『平等』編集部のなかでも、「修正主義」的立場をとる多才なリリー・ブラウンと対立しました。

一九一四年、第一次世界大戦が勃発したとき、ドイツ社会民主党の多数派が、この戦争を支持したので、クララは、一九一六年、ローザ・ルクセンブルクらとともに「スパルタクスグルッペ」という名の政治団体をつくって戦争に反対しました。一九一五年三月、第一次世界大戦のさ中に、主要な開戦国の女性代表が集まってベルンでの国際社会主義女性会議が開催されました。クララは、決議文の採択にあたって、ロシア代表団が提案した「戦争を内乱へ」を含む文案に対し、ヨーロッパの女性の反戦感情を組みこんだ決議案文を提案して多数の支持を得ました。しかし、ドイツ社会民主党の多数派は、戦争に徹底して反対するクララを『平等』編集長から降し、マリー・ユーハッツに替えたのです。クララは、ただちに、『ライプツィヒ人民新聞』に拠り所を求め、これに、女性向けの付録を隔週でつけて戦争賛成派が編集する『平等』に対抗しました。

このあと、ドイツ独立社会民主党を経て、ドイツ共産党に参加することになったクララは、その女性機関紙『コムニスチン』を発刊し、一九一九年から二一年までその編集にあたりました。一九二一年からは第三インターナショナルの執行委員となって、国際的性格をもつ『共産主義女性インタナショナル』（ドイツ語）誌の編集を引き受けました。

クララについては拙著（松原 1969, 伊藤 1984, 2018）を参照してください。

②ケーテ・ドゥンカー（一八七一〜一九五三）

ケーテ・ドゥンカーとはどういう女性だったのでしょうか。ケーテは商人の家に生まれ、一八八八年から一八九〇年までアイゼナハの女教師養成学校で学びました。一八九八年にヘルマン・ドゥンカーと結婚しました。SPDの女性運動にかかわり、一八九九年から一九〇五年までライプツィヒで「女性の夕べ」のリーダーを務め、一九〇六年から一九〇八年まで、クララ・ツェトキンが編集長をしている『平等』の編集を助けました。SPDでは左派に属していました。この二人の名前をつけて「国際女性デー」の決議案は第二回国際社会主義女性会議に出されたのです。

第一次世界大戦に反対してベルンの国際女性会議に参加し、一九一八年に「スパルタクスブント」（前出一九一六年の「スパルククスグルッペ」の後身）の中心メンバーになって、やがてドイツ共産党に所属しました。一九二一年から一九二三年までチューリンゲン州議会で、共産党議員となります。一九三八年、アメリカ合衆国に亡命し、一九四七年、七六歳で帰国しますが、政治の前面にでることはありませんでした。

③アウグスト・べーベル（一八四〇〜一九一三）

一九世紀の終りから二〇世紀の冒頭まで三〇年もかかってマルクス主義女性解放論を『女性と社会主義』とい

う一冊の本にまとめ上げたのが、アウグスト・ベーベルでした。

ベーベルは、一八七五年から女性選挙権に賛成し、「女性の現在と未来の地位について」という論文を書いていましたが、当時の宰相ビスマルクに対する侮辱罪と反軍国主義論文の罪で入獄中の一八七七年末から本格的に女性解放論の執筆に取り掛かった人です。その書の初版は、ビスマルクの社会主義者鎮圧法実施（一八七八年一〇月）の後一八七九年二月に『女性と社会主義』と題して刊行されました。ベーベルは、この初版から、ちょうど国際女性デーが決議された一九一〇年に行った最後の改定版まで、四回も中間の改定を行い、弾圧を避けて書名を『過去・現在・未来の女性』と変えながら、当初二二〇ページにすぎなかったものを、五一六ページまでに加筆して完成させたのです。

ベーベルの『女性と社会主義』は、過去の女性、現代の女性、国家と社会、社会の社会化《ゾツィアリズィールンク デア ゲゼルシャフト》の四部からなりたっています。ベーベルの女性解放論は、当時のドイツ労働運動の当面する課題から出発して、男性労働者の女性に対する偏見を取り除き、資本の利潤追求の目的にとっては男性も女性も区別しないことを彼らに知らせ、女性労働者とともに階級闘争の戦列を整えることの重要性を啓発する目的で書かれたものと考えられます。ベーベルは、階級の発生とともに生じた女性の男性への従属を強調し、この従属的立場にある性的存在としての女性の地位の描写に力を注ぎ、あらゆる階級の女性の状態と要求を全面的に考察した。この立場から、現代の女性問題に関しては、性と結婚の問題を第一に取り上げ、それに多くのスペースを割きました。このような全歴史的・全般的女性問題の一部に資本への階級的従属と男性への性的従属との二重の負担のもとにある女性労働問題をとりあげました。

ベーベルは、究極の目標はプロレタリアートの資本からの解放であり、このことが、すべての女性を男性に対する性的従属からも解放することを主張しました。ベーベルは、とくに、資本主義の経済法則をあつかう章を第三部に独立させ、それに社会主義の経済法則をあつかう章をつなげて、階級の廃絶と女性の解放が経済の発展法則に基づく必然性をもっていることを示し、そのうえで社会主義社会における解放された女性像を予告したのです。一九一三年ベーベルはチューリヒで没しました。ベーベルの理論は、今日では、一九七〇年から一九九七年までかけてドイツで完結した『演説・著作選集』全一〇巻、全一四冊によってほぼ全容を把握することが出来ます（昭和女子大学女性文化研究所編 2004, pp. 33~63）。

4　一九一一年～第一次世界大戦の勃発までの国際女性デー

①一九一一年

はじめての国際女性デーは、ヨーロッパでは、信頼できる文献（Dornemann 1973, p. 223, Müller et al. 1970, p. 43）によれば、ドイツ、オーストリア、デンマーク、スイスで取り組まれました（他説もありますが、信憑性は定かではありません。詳細は川口ら 1980, p. 41の拙稿参照）。これらの国の女性デーは、アメリカ合衆国のように二月の最終日曜日に行われてはいません。ドイツ、オーストリアは三月一九日に行われました。三月一九日を女性デーとしたのは、一八四八年の三月革命の犠牲者を記念して毎年行われている労働者のデモにちなんだからと説明されています。アメリカ合衆国でのとりくみは前章でみたとおりです。

ドイツでは、この日ベルリンだけで四二の集会がもたれ、四万五千人以上が参加したとされています。ドイツの女性デーの参加者は、アウグスト・ベーベル率いるドイツ社会民主党の影響下にあった女性と推測されますが、それに限定されるものではありませんでした。ドイツのブルジョア的女権拡張論者の左派のリーダーで、クララ・ツェトキンと友好関係にあったミンナ・カウエル、その秘書でのちの「ドイツ民主女性同盟」代表のエルゼ・リューダース、のちの「平和と自由のための国際女性連合」の共同創始者リーダ・グスタバ・ヘイマンも、国際女性デーに挨拶を送ったと、ドイツの伝記作家ドルネマンは書いています（Dornemann 1973, p. 233）。

国際女性デーが、女性選挙権運動のなかから生まれたということは、同じスローガンをかかげて運動していた女性運動の各派にとっても関心の高いものであったことが伺われます。第一回国際女性デー後、一九一一年九月八日から九日までイエナで開催されたドイツ社会民主党（以下ＳＰＤ）第六回女性会議で、ルィーゼ・ツィーツは、「今年三月一九日のすばらしい成功をおさめた第一回社会民主主義女性デーで、わたしたちのアジテーションは最高潮でした」と、わざわざ「社会民主主義」女性デーと報告しています（SPD. Pr. 1911, p. 418）。その光景を後世に伝える写真を掲げました。服装からして、中流階級の女性のパレードという雰囲気にみえますがどうでしょうか。

ベーベルは一九一一年三月一九日、ドイツで初めての国際女性デーの日の『平等』誌に「なぜ女性たちは選挙権を要求するか」という論文を書きました。

オーストリアでは、この日主要都市で、女性デーの催しがあり、ウイーンでは、「軍国主義と搾取に反対し、平等な地位と人間らしい扱いを」というスローガンのもとに集会とデモを行い、警官と衝突したりしたとのことです（*Inprekor,* No. 19, 1929. 2. 28. p. 405）[3]。

デンマークでは、大集会を組織し、社会民主党を歓迎する決議を採択し、スイスではこの日、社会主義者の集会が開かれ、日を同じくして開催することの国際的意義が強調されました。アメリカ社会党の女性は、国際女性書記局に連帯の挨拶を送りました。

②一九一二年

一九一二年には、オランダとスウェーデンがはじめて国際女性デーの催しをもちました。ドイツの女性デーは、技術上の理由から、五月一二日に延期して実施されましたが、とりくみにあたってＳＰＤは成功のために周到な準備をしました。クララ・ツェトキンが編集長の『平等』は、絵入りの一六ページだて選挙権特集を行いました。一九一二年九月にケムニッツで開催されたＳＰＤの大会では、女性デーに「今年は前年よりいっそう多くの地域で集会がもたれた。集会は女性の政治的成人宣言のためのプロパガンダに奉仕した。」「女性デーは、もちろん、女性選挙権のためのプロパガンダに奉仕しただけでなく、同時に女性選挙権を要求する女性闘士たちの政治的組織化に役だった。」と報告されています。

スイスでは、チューリヒ、ヴインタートゥーア、セント・ガレン、シャウハウゼン、バーゼル、ベルン、ルツェルン等で社会民主党系の女性の集会が開かれ、女性選挙権問題について討議した。女性選挙権の獲得が遅かったスイスでも、他の欧米諸国と同じ足並みで女性選挙権獲得の運動を進めていたことがわかります。

③一九一三年

一九一三年の女性デーには、ロシアとチェコスロバキアが加わりました。ロシアは後に、国際女性デーの方向に決定的影響を及ぼしますが、この最初の女性デーに関してはベーベルは、一九一三年、戦争への危機感がつのる中で、ロシアではじめての国際女性デーが計画されたことを知ってコロンタイに成功を祈る旨の手紙を出しています（Bebel 1997, p.247）。

ドイツでは再び三月に集会をもっていますが、この年の集会開催は、都市と大工業地帯に限られていました。

上：最初の国際女性デー、1911年3月19日、ベルリン（Müller 1980, 口絵）
下：1911年3月19日、ウィーンの女性選挙権要求デモ（Wurms 1980, p.24）

そして、ドイツの女性デーが三月八日と最初に結びつくのはこの年なのです。

わたくしは、ローザ・ルクセンブルクを追悼するローベルト・ビールの一文の中にそのことが触れられているのに気づきました。クララ・ツェトキン他著、栗原祐訳『カールとローザ――ドイツ革命の断章――』の中に収録されているこの一文は、ローザの思い出をつづったものですが、一九一三年のブラウンシュヴァイクの国際女性デーについて準備段階から詳細に書かれていますので引用してみましょう。

オットー・グローデヴォールはわれわれにたずねた。二、三日中に、三月八日を国際女性デーとして、ブラウンシュヴァイクではじめて、女性の示威集会を開いて祝うことになっているが、それを君たちは知っているか、と。われわれは誇りをもって報告した。われわれは政治講座のさいに国際女性デーの意義について話し、示威集会のことも知っている。しかしこれは女性たちの事柄であって、われわれにはたしかになんのかかわりもない、と。ヴァーグナー同志（ブラウンシュヴァイクの労働者新聞編集者）はむっとした声で、そのことについて君たちはもう一度よく考えてみるべきだ、と言った。彼はアウグスト・ベーベルのことや、われわれに読むように勧めていたベーベルの『女性と社会主義』をわれわれに思い出させ、労働者階級は女性たちと共同しなければ、支配階級から勝利をたたかいとることはできないことを、われわれにはっきり説明した。われわれはかえすことばもなく、恥ずかしくなって床に目をやった。……今度は果たすべき任務について説明をうけた。それは、日曜日にローザ・ルクセンブルク同志を駅まで迎えにいって、ある酒場に案内することだった。そこでブラウンシュヴァイクで初めての三月八日示威集会がひらかれることになっていたのだ。われわれはめいめいきまった指令を受けとった。万一必要なときには警察の注意をそらせるためになにをなすべきかについ

上：ルィーゼ・ツィーツ（Juchacz 1956, p. 69）
下：ローザ・ルクセンブルク

ても、たがいに打ち合わせた。……われわれは目的地についた。隣の建物の階段を通って、非常口の脇の入口から、ホールの演壇に出た。

約五百名の主婦や娘らがホールに集まっていた。私の知っているファスビンダー同志―彼女が、クララ・ツェトキンやローザ・ルクセンブルクと緊密な接触のあることを私は知っていた―が開会を宣した。私は舞台裏にかがんで、この女性集会に若い男子として参加させてもらった。ローザ・ルクセンブルクは小一時間ばかり話した。ホールの女性たちは彼女の才気あふれる思想や火を吐くようなことばに感激した。一種ふしぎな高揚した気分がみなぎり、私もそのとりこになった。集会が終わると、女性たちは通りへどっと流れ出た。けれども彼女らはばらばらにならずに、みんないっしょにホーエトーア墓地へむかって歩きだした。

党の決議―それは文書できめられたのではなく、口頭で伝えられたのだが―に従って幾百人もの同志たち―夫や息子や友人たち―が墓地に集まっていた。いまや男たちは墓地から出てきて女性たちと合流した。こうしてすばらしいデモ隊が組まれ、宮城にむかって動きだした。デモ隊はどうしても町の中央を通り抜けなければならなかった。というのは、幹線道路の一つであるボールヴェーク通りで、女性の同権のためにデモンストレーションをおこなうことになっていたからだ。そして集会や労働者のデモのおこなわれる伝統的な広場、ハーゲンマルクトでこの三月八日の催しは終わる予定になっていた。……この三月八日は、われわれにとって波乱に富んだ忘れることのできない日であった（Schiel, et al. 1971 = 栗原訳; 1975, pp. 21–26)。

日本ではじめての国際女性デーがひらかれる一〇年もまえに北ドイツの一都市ブラウンシュヴァイクで、国際女性デーの成功のために、ドイツ社会民主党の幹部と青年党員が綿密に計画をねり、ローザをむかえて集会を成功させ、男子労働者と合流したデモの成り行きを最後まで見守っている様子が生き生きとつたわってきます。また一九一三年のSPD党大会では、国際女性デーの集会がプロイセン選挙戦と時を同じくしており、集会が選挙戦に新しい刺激を与えたこと、集会の準備のために、SPDや労働組合の機関誌に論文をのせたり、絵入りの一六ページだての選挙権新聞を発行したり、国際女性デーの意義や、ドイツ、オーストリアの女性選挙権闘争のための男女闘士の記事をのせて宣伝につとめたことが報告されています。

オーストリアでは、街頭デモはおこなわず、スイス、オランダ、はじめてのチェコスロバキアはともに、三月九日に催しがおこなわれたということです。

ロシアでは、女性労働者がペトログラードで集会をもち、生存権と男女同権を要求しました。これらの要求の中には、「ツァーリズムをたおせ」というのも入っていました。政府は報復手段として逮捕者を出し、労働者組織を解散させました。また労働者新聞の特集号に、外国の同志の手紙や論文をのせたということです。

④一九一四年

一九一四年には、ドイツ、オーストリア、アメリカ、スイス、オランダ、チェコスロバキア、ロシアのほかフランスがはじめて国際女性デーの催しをもちました。

ドイツでは、この年SPDに新党員を獲得し、党の機関誌をふやすことに専念する週間を定めましたが、その初日が三月八日であり、この年三月八日は、ヨーロッパのかなりの国や地域が女性デーを実施したといわれます。この年のSPDの、「女性デーにむけて！」のちらしは、「三月八日はわれらの日である！」と記されています。ただし、すでにしばしば引用している『インプレコル』誌一九二九年十九号は、ドイツの国際女性デーは三月九日におこなわれたとしています。ドイツではこの時、ローザ・ルクセンブルクが逮捕されていたのでクララ・ツェトキンが中心となって、ローザ・ルクセンブルクの逮捕反対と戦争反対をとなえてデモンストレーションを行いました。警官隊が大動員されましたが、ドイツの大・小都市で、プロレタリア女性の運動が展開されたといわれます。一九一四年ヴュルツブルクで開催されたドイツ社会民主党の大会記録をみると、女性デーと「赤い週間」という記述がでてきます（Bericht 1914, p. 9）(4)。

オーストリアの女性デーの集会で採択された決議は、緊迫した政治情勢に言及していましたが、女性選挙権要求は書かれてはいませんでした。スイスでは多くの女性集会がもたれ、ドイツでのローザ・ルクセンブルクの階級裁判に抗議し、オランダでも大衆的集会がもたれました。チェコスロバキアでは、多くの集会で、女性デーの国際的意義が強調され、ローザ・ルクセンブルクとロシアの女性労働者にあいさつを送りました。ロシアでは、労働者新聞の特集号を出しました。三月一日に行われた労働者の集会、会合は警察によって禁止され、オルグのサモイロワ、ニコライエワが逮捕されましたが、この時のスローガンは、ツァーリズム反対でした。

一九一四年八月にウィーンで第二インターナショナルの一〇回大会が予定されており、それと同時に第三回国際社会主義女性会議が開催されることになっていました。しかし、一九一四年七月二八日第一次世界大戦が起こり、女性会議も中止されました。

5　第一次世界大戦中の国際女性運動の一端

①一九一五年の国際女性デー

第一次世界大戦下で、一九一五年の国際女性デーは、ヨーロッパではドイツ、オーストリアをはじめ、各国で実施が不可能になりましたが、スイスとノルウェーの二カ国が細々ながら開催しました[5]。スイスでは、「戦争に反対してたたかえ」というスローガンをかかげており、ノルウェーではクリスティアナで、スウェーデンやロシアの女性代表の参加を得て、やはり、「戦争に反対せよ」というスローガンで、デモンストレーションをおこないました。また、三月一八日には、ドイツで約二百名の女性がベルリンの帝国議会の前で、社会民主党のカール・リープクネヒトへの弾圧にたいする「同情デモ」を行ったということです。

クララ・ツェトキンは、一九一五年三月一九日付『平等』に、「国際社会主義女性デー」という論説をのせ、国際女性デーの一般的意義と、同年の女性デーの課題についてのべています。すなわち、彼女は、国際社会主義女性デーのもっとも深い内容は何かと問い、それは、めざめつつある労働者階級の女性の人間性と女らしさを調和的に発展させうる自由への叫びであるといい、「他のもろもろの目的のための一手段としての、同等で完全な政治的権利の要求であり……男女に自由な人間性を保証する社会主義制度への熱烈な要求である」といっています。さらにクララは、当面の女性デーのたたかいを反戦闘争と結合させることをよびかけて、「今年は、何はともあれ、女性社会主義者が、国際社会主義の名において、苦難に満ち、重荷にあえぐプロレタリア女性を結集したどの国においても、示威運動の性格を特徴づけるものは平和への願いである。……国際女性デーには、すべての国において、プロレタリア女性の意志を平和のたたかいに燃えたたせ、強めなければならない。このたたかいは、女性たちが、われわれの日に、彼女の政治的成熟と、政治的権利への彼女の主張を証明することができる偉大な歴史的行為である」とのべています。

②一九一五年ベルンでの国際社会主義女性会議とそれ以降

第一次世界大戦後、クララ・ツェトキンは、国際女性運動を、一九一〇年コペンハーゲン第二回国際社会主義女性会議の決議の立場で指導し、あくまで戦争反対と国際主義の精神を貫くように導き、『平等』『前進』等への執筆活動を精力的に行なっていましたが、こうした彼女の国際主義者としての行動を注目したのは、ロシアのレーニンでした。

そのころ社会主義者による反戦国際会議がいくつか開催されていますが、その性格は、平和主義流にそれぞれの国の政府に平和確立を要求するという種類のものでした。従ってレーニンとボルシェヴィキは、自らの希望を、クララ・ツェトキンの率いる国際女性運動によせたのです。

一九一五年三月二六日から二八日、国際社会主義女性会議は開催されました。八カ国から三〇名が参加しました。レーニンの考えるこの会議での主要な課題は、「社会排外主義」との闘争でなければなりませんでした。この会議を構成するメンバーの思想的背景は、クララ・ツェトキンを中心とするドイツ社会民主党左派、イネッサ・アルマンドやクルプスカヤを中心とするボルシェヴィキ、単なる平和主義者の三つに分かれていました。従って、この会議の主要課題に関してドイツ代表団のとる立場が注目されていたというわけです。

ボルシェヴィキは、レーニンの手になる「戦争の性格を帝国主義戦争と規定すること、社会排外主義との闘争、および帝国主義戦争の内乱への転化」を含む決議を用意してこの会議にのぞみました。そしてこれをめぐってクララ・ツェトキンとの間に論争がおき、ロシア代表団ポーランドのカーメンスカヤをのぞく全員の賛成によって、クララ・ツェトキンの決議案が採択されました。レーニンはこの事実に失望し、クララ・ツェトキンにはげしい批判をあびせかけたのです。

クララ・ツェトキンの決議案は、「働く人民の妻たちへ」と題され、全国のプロレタリア女性へと呼びかける形式をとったものでした。これに対しレーニンの決議案は、前述のような内容を含むものだったので、ロシア以外の代表には理解しがたいものだったのです[6]。クララは、この会議出席の後逮捕され、釈放されて非合法活動に入ります。

さて翌一九一六年の国際女性デーは、ドイツ、ロシア、その他の国々でさまざまな事情で開催されなかったというのが実情のようです。

一九一七年のロシアの女性デーは特別の意味をもっていますので、次章で扱うこととします。ロシアをのぞくすべての国の国際女性デーの記録は、一九一七年、一九一八年は空白です。この時点から、女性デーの主要な中心舞台はロシアに移ります。

注

(1) *Die Gleichheit*, 1910. 8. 29.

(2) *Die Gleichheit*, 1910. 10. 10

(3) ドイツ以外の国に関する情報は、この年も含めて一九二八年まで、各国の国際女性デー史の概観を伝える*Inprekor*紙一九二九年の一九号（ドイツ語版）「各国の三月八日の歴史的概観」によるが、その叙述が正確な史実にもとずくという確証はない。

(4) この報告書は、ＳＰＤ議事録 Pr. 1914 の付録となっている。

(5) アメリカ合衆国では、従来通り行われていたことは前章でみた通りである。

(6) 両者の決議案とその詳細は拙著『クララ・ツェトキンの婦人解放論』(有斐閣、一九八四年、三三一から三四二頁)参照。

Ⅳ

ロシア革命と第三インターナショナルを潜《くぐ》り抜ける女性デー

◆

前頁：1928年のオーストリアの女性デーのプラカード（Wurms 1980, p. 51）

Ⅳ　ロシア革命と第三インターナショナルを潜《くぐ》り抜ける女性デー

この章では、国際女性デーの歴史にとって難所ともいうべき問題を扱わなければなりません。しかし、国際女性デーが、この章で叙述するロシア革命と第三インターナショナルという歴史上の流れを蛇行してでも通らなかったなら、今日のような女性デーとして世界に広がりもせず、歴史の海の藻屑《もくず》となって消え去ったか、砂漠の砂に吸収されてしまったかもしれないのです。アメリカで起こり、ヨーロッパで合流した国際女性デーという河は、一九一七年、ロシア革命と交差して新しい奔流となりました。一九一七年のロシア旧暦二月二三日、グレゴリオ暦三月八日の出来事が、国際女性デーを、こんにちの三月八日としたのです。

前章でみたように、それまで、各国の国際女性デーは偶然三月八日であったことはあっても、毎年三月八日と決まってはいませんでした。ではいつどのようなプロセスを経て国際女性デーは三月八日となって新しい意味を加えていくのでしょうか。詳しく見たいと思います。

1　ロシア革命と国際女性デー

国際女性デーがロシア革命の発端になったということは、日本でもよく知られたことでした。しかしそれは確かめられるのでしょうか。本書の第一章では国連の、第二章ではアメリカの、第三章ではドイツの文献で可能な限り確認してきましたが、この章ではロシア語文献を用いていません。わたくしは、英語・ドイツ語・日本語で書かれた資料でしか真相に迫れません。そのことを読者の皆さんにまずお許しをいただきたいと思います。

一九一七年、国際女性デーにむけて、「ロシア社会民主労働党モスクワ委員会」は一つの宣言を発表し、それは、次のようなものだったと後にいわれています[1]。

戦争の恐怖はいつ終るのでしょうか。ただ人民自身のみが戦争をやめさせることができるのです。労働者階級の全大衆が立ちあがって、ツァーの政府を倒し、その権力を、自らの手中に握るならば、その時はじめて平和が、新しい課税もなく拘束もない、故国が必要とする平和がおとずれるでしょう。そのような平和だけが人民に自由をもたらすのです。もうだまってはいられません。これ以上苦しむことはできません。……二月二三日（三月八日—新暦—筆者）は、あなた方の日です。同志の皆さん、女性労働者のみなさん！この日は、三年前の万国女性労働者会議できめられました[2]。ですからわたしたちは、毎年あなたがたに、このあなたがたの日について訴えるのです。戦争の第一年目には、あらゆる交戦国の階級意識ある女性労働者は、戦争に反対する共同闘争のためにたがいに彼女たちの手をさしのべました。今日、わたしたちは、彼女たちの叫びをくりかえします。まもなく、平和と自由のためのたたかいの時がきます。そしてその時がきた時、あなた方女性労働者もまた、社会主義の赤い旗のもとにたたかおうとするでしょう。戦争を止めよ、ツァーの政府をたおせ！民主共和国万歳！労働者の国際的団結万歳！（***Inprecor***, 英語版 11. March 1927, Vol. 7, No. 19, p. 394）。

一九一七年グレゴリオ暦三月八日、国際女性デー当日、ペテルブルグの女性労働者は、多くの工場や職場でス

1917年、ペトログラードのロシア女性のデモ（Wurms 1980, p. 39）

トライキを宣言して、極度に欠乏していたパンと燃料を要求して街頭にくり出たとのことです。彼女たちは警官や武装したコサック兵の阻止にあいながら、夜半まで街頭を去りませんでした。しかも三月九日も一〇日もこのデモンストレーションは他の労働者に波及し（*Inprecor*, 英語版 3. March 1927, Vol. 7, No. 17, p. 394）、三月八日（二月二三日）はロシア二月革命の序曲となったと説明されています。

『ソ連邦共産党史』は、後にこの日のことを次のように書いています（日本共産党中央委員会訳　1961, pp. 296–297, 及びソ連邦共産党史翻訳委員会訳　1972, pp. 290–291. 参照）。

二月二三日に、勤労者は、国際労働女性デー（国際女性デー）を祝った。ボルシェビキのペテルブルグ委員会は、この日を政治的ストライキで祝うように呼びかけた。デモを組織したプチロフの労働者は、都心にむかった。途中で他の工場労働者がプチロフの労働者に合流しはじめた。この日、五十の企業のほぼ九万人の労働者が、ストライキをおこなった。食糧の行列にならんでいた女性が、デモにくわわった。「パンをよこせ！」「戦争をやめろ！」「専制をたおせ！」という要求をかかげたプラカードがあらわれた。つぎの日、デモは新しい勢いでひろがった。首都では、約二十万人がストライキをおこなった。ボルシェビキは、ストライキをつづけ、これをゼネラル・ストライキに転化させ、蜂起にもっていくことにきめた。

ロシアでは、一九一七年二月（旧暦）革命のあと同年一〇月（旧暦）に、一〇月革命が起きます。その結果、一二月には、ロシアとドイツは休戦協定を結びました。一九一八年三月、ヨーロッパはまだ第一次世界大戦下にありました。この三月、ロシアの女性労働者は一〇月革命後の困難な状況下で「すべての力を赤色戦線へ！国際資本の突撃を防止せよ」のスローガンで女性デーととりくんだといわれます（*Inprekor*, Nr. 19, 1929, p. 408, *Die Kommunistin*, 10. März 1921, Nr. 5, p. 34. 参照）。

このように、一九一七年三月一七日の出来事は、すべて後に書かれた文献に依拠しており、わたくしは第一次資料に当たっているわけではありません。ちなみに、一九一三年のロシアの国際女性デーをベルリンで指揮していたコロンタイは、一九一七年三月に亡命からロシアに戻ったとされていますから彼女がリードすることはできなかったでしょう。レーニンとクループスカヤはスイスにいて、四月にロシアに戻っているのです。

2　一九一九〜二〇年——第三インターナショナル初期の女性デー

一九一九年三月二日から六日、第三インタナショナル（コミンテルン）創立大会がひらかれました。この大会で採択された一連の決議の中に「社会主義のための闘争に女性労働者を引き入れる必要性に関する決議」というのがあります。[3] この時から国際女性デーは、第三インタナショナル色を強めて行きます。では、第三インタナショナルとは一体何だったのでしょうか。辞書をひいても書く人の政治的・思想的スタンスによって説明は違っています。すべてを相対化して第三インタナショナルとは何かを書くことは誰にとっても難しいことでしょう。こういう時わたくしはまず、『広辞苑』をひくのです。それも最新版（一九九八年第五版）をです。そこには「共産主義インターナショナル。世界各国の共産党の国際組織。一九一九年、レーニンらの指導下にモスクワで創立、国際共産主義運動の指導にあたったが、四三年、解散。コミンテルン」（同書一六〇〇頁）とあります。しかし、これだけで理解する読者はまずいないでしょう。

また、一定の知識のある読者は、第三インタナショナルそのものについて、ソ連・東欧の崩壊によって、結果的に「失敗だった」、「資本主義世界経済の、共産主義世界システムによる置き換えは成就しなかった」「社会的および民族的解放運動の力にたいする革命的ロマン主義的過大評価」という意見（マクダーマット&アグニュー1996＝萩原　1998 p. 285参照）に同感したり、「何ということだ」と憤慨したりするのではないでしょうか。しかし、マクダーマットとアグニューの著書の次の文を読んでみてください。

しかしながら、われわれが論じたいのは、コミンテルンの成功をはかる基準を、ただ世界革命の問題に限定してはならないということである。全面的「成功」か、それとも完全なる「失敗」か、というような分類をせまるのが、歴史的分析の本質なのではない。コミンテルンの遺産は言うまでもなく、きわめて多義的である。多くの否定的現象の中に、肯定的特徴が存在する。一九二〇年代には、インタナショナルは時代の問題にたいし、驚くほど広範囲の理論的解答をあたえてきた。つまり、ファシズムの脅威、社会主義への移行、国家と社

ウラジミール・イリィチ・レーニン

会の関係、社会民主主義、小ブルジョアジー、農民にたいしてとるべき態度といったような問題についてである（マクダーマット&アグニュー 1996＝萩原 1998, p. 289）。

この「広範囲な問題」の中にわたくしは女性解放論も入ると思います。このことは国際女性デーと直接関連してきます[4]。そうした意味でこの期の女性デーについてこれまでわたくしが調べたことの中から一部を本書の展開に関わる限りで紹介したいと思います。

一九一九年の二、三の国の女性デーについての叙述をみますと、ロシアでは（一九一八年と同じく）「すべての力を赤色戦線へ！　国際資本の突撃を防止せよ」というスローガンが掲げられていました（*Die Kommunistin*, 10. März 1921, Nr. 5, p. 34）。ドイツ、スイスでも女性デーはもたれています。

一九二〇年に入ると、国際女性デーは、コミンテルンの指導のもとに入ります。三月四日、コミンテルン執行委員会議長ジノヴィエフが、「国際女性デーにむけて、コミンテルンは全世界の勤労女性に挨拶を送ります」ではじまる「万国の女性労働者へ」という呼びかけを行い[5]、レーニンが「国際勤労女性デーによせて」という一文を発表しました[6]。レーニンはこの時何を書いたのでしょうか。全文を掲げます。

資本主義は、形式的な平等（法律上の平等）、満腹した者と飢えた者との、有産者と無産者との「平等」についてさえ、首尾一貫することができない。この一貫性の欠如のもっともはなはだしい現れの一つが、男女の不平等である。

最初のソビエト共和国の─そして、これとならんで、またこれに関連して、共産主義インタナショナルの─創立（と強化）に伴って、不可避的に女性運動に新しい、かつてないほど強力な刺激が与えられている。資本主義によって直接または間接に、全面的または部分的に、抑圧されている人々について言うなら、ほかならぬソビエト制度こそが、そしてソビエト制度だけが、民主主義を保障する。このことは、労働者階級と貧農の地位をみればはっきりする。このことは女性の地位をみればはっきりとわかる。

だが、ソビエト制度は、階級の廃絶をめざし、経済的および社会的平等をめざす最後の決戦である。民主主義だけでは、たとえ、それが抑圧されている性のための民主主義をふくめて、資本主義のもとで抑圧されている人々のための民主主義であっても、それだけではわれわれにとっては不十分である。

女性労働運動は、女性の単なる形式的平等のためではなく、その経済的および社会的平等のためにたたかうことをその主要な任務としている。女性を社会的な生産的労働にひきいれ、彼女たちを「家内奴隷制」から救いだし、台所と子供部屋に永遠にかかりきりになっている状態──人を愚鈍にし、いやしめるもの──から女性を解放すること、これがその主要な任務である。

これは、社会的技術および風習の根本的な改造を必要とする長期にわたる闘争である。だがこの闘争は、共産主義の完全な勝利におわるであろう（『レーニン全集』三〇巻、大月書店版、pp. 422-423、初出は『プラウダ』1920. 3. 8)。

ここには、アウグスト・ベーベルが、将来の展望として語った女性の解放への第一歩を現実にふみだしたことへのレーニンの宣言とも言うべきものが読み取れます。

この年の国際女性デーは、ロシアのほか、ドイツ、スイスでおこなわれました。ドイツではこの年、はじめて、結成後間もないドイツ共産党（ＫＰＤ）主催と、ドイツ独立社会民主党（ＵＳＰＤ）による主催の社会主義女性デーもおこなわれた（*Inprekor*, 1929, Nr. 19. p. 405）と後に記録されています。

3　一九二一年に女性デーは「三・八」となる

一九二一年のはじめからクララ・ツェトキンが、コミンテルンの女性運動指導に配慮をするようになりました。一九二一年の女性運動は、革命後四年のソビエトの困難な国内情勢―経済的困難とならんで政治的困難―を無視するわけにいきません。この年三月八日から一六日まで、ロシア共産党第一〇回党大会がひらかれ、戦時共産主義から新経済政策（ネップ）に移行する問題を審議していました。レーニンは三月四日付で、国際女性デーにむけてのメッセージを送っていますが、その中でレーニンは、「国際女性デーには、世界のあらゆる国で、女性運動者の数かぎりない集会で、未曾有に困難な事業、だが偉大な、世界的に偉大な、真の解放事業に着手したソビエト・ロシアにたいするあいさつが響きわたるであろう。狂暴な、しばしば残ぎゃくなブルジョワ反動をまえにして、元気をなくすなという励ましの声が響きわたるであろう」（『レーニン全集』三二巻、pp. 168–170の邦訳より。初出は『プラウダ』1921. 3. 8, 付録）といっています。

この年、国際女性書記局は、国際女性デーにむけてかなり長文の「万国労働女性への呼びかけ」を発しました（*Die Kommnistin*, 10. April, 1921, Nr. 7, pp. 50–51）。呼びかけは、「女性同志ならびに姉妹の皆さん、万国の女性労働者ならびにプロレタリア女性の皆さん！　歴史的な日、三月八日、つまり女性の日が近づいてきます。それは、万国の共産党と共産主義インタナショナルが、ブルジョア世界にたいして示威する日です。……国際女性デーは、共通のあいことばと共通の要求のためのたたかいの中で、万国の女性労働者の増大しつつある団結のデモンストレーションの日です。国際女性デーは、まだ共産主義運動に冷淡で対立している広範な女性大衆に、共産主義こそが唯一の救済者であり、プロレタリア独裁がひとり、人間を、特に女性・母親を、貧困・失業・住宅難・被圧迫や子ども餓えから解放することができるということを明らかにする課題をもっています。……」と書きはじめ、労働女性たちに、「三月八日には堂々たる示威行為をするために街頭に出よ！資本主義をたおせ、無為徒食の人による社会の支配をうちたおせ、ブルジョアジーをたおせという叫びをもって街頭に出よ！」と結んでいます。

国際女性書記局と第三インタナショナル執行委員会は、この年の女性デーについて、国際女性通信員ならびに各国支部の女性委員会を通じて女性デーの組織や遂行状況を把握しようとしました。その結果、ロシア、ドイツ、オーストリア、オランダ、フランス、イギリス、チェコスロバキア、スイス、スウェーデンでも取り組みについての報告を得ることが出来ています。それによれば、この時点でなお、国際女性デーは、各国でばらばらな日に行なわれていたことが明らかになります。国際女性書記局は三月八日を指定していましたが、定められたその日に女性デーを行なったのはロシアだけであり、西洋の多くの国々では、早くとも四月の第一週の間におこなわれていました。報告の多くは、開催日については無頓着のようで、ベルリンの女性デーの集会は四月三日におこなわれ、スイスも四月にチューリッヒで国際女性デーの呼びかけをおこなって準備をうながしているといった具合です。

ドイツでは、ほとんど全市で催しが禁止されていたにもかかわらず、ドイツ共産党は、ブレスラウ、エルフルト、バイエルン、東プロイセン、ラインラントで、女性デーのさいに、「階級闘争と新しいたたかいへむけての準備」をスローガンに大衆集会を召集しました。ベルリンでは、大劇場で大衆集会がひらかれ、クララ・ツェトキンが演説しました。

オランダでは、この年はじめて国際女性デーの催しがおこなわれました。女性集会が、アムステルダム、ロッテルダム、アルンヘイム、ハーグ、ライデン、グレーニデン等十一の都市でもたれ、女性共産主義者と無政府主義の女性があいさつしました。メインスローガンは、「世界革命によって女性の解放を」でした。集会の主催者は革命的社会女性同盟で、第二インタナショナルに連繋している社会民主党女性同盟はこの催しへ参加していました（*Inprekor*, Nr. 19, 1929, p. 405）。チェコスロバキアでは女性デーの集まりにドイツの同志が参加しました。フランスでは、四月三日にパリで大公開集会が催され、スローガンは「プロレタリアートの独裁は女性を解放する。ドイツとともに協定ブルジョアジーの脅迫的帝国主義戦争に反対するフランスプロレタリアートのたたかいを」でした。

イギリスではこの年はじめての女性デーで、ロンドンで集会がもたれましたが、第三インタナショナルの旗のもとで、イギリスの革命的労働運動とソビエト連邦との統一が強調された（*Inprekor*, Nr. 19, 1929, p. 405）とのことです。

ソビエト連邦では、この年のスローガンは、自主的規律、自発的実行、女性のソビエト連邦の経済的復興への積極的参加、非識字の人のための学校や図書館を開くこと、百ヶ所の託児所と、産院の建設等々でした。都市や農村で会議がもたれ、モスクワ行政区域では八二の会議がもたれました（*Inprekor*, Nr. 19, 1929, p. 405）。

一九二一年には、国際女性デーのあと、四月の『共産主義女性インタナショナル』[7]（以下*K. F–I.*と略記）の創刊、六月九～一五日の第二回国際共産主義女性会議の開催、六月二二～七月一一日のコミンテルン第三回大会による「女性運動」にかんする諸報告、七月三一～一九日のプロフィテルン（ロシア語の赤色労働組合インターナショナルの略称）の創立大会と、それによる女性労働組合運動にかんする決議・テーゼの採択、一二月一日のチフリスでの近東共産主義女性会議（*K. F–I.*, Mai/Juni, 1922 Doppelheft. 5/6, p. 23）など、いずれも国際主義女性運動史上、記録にとどめる必要のある重大な出来事があいついでいます。

しかし、何といっても国際女性デーの関わりで重要なのは、六月の第二回国際共産主義女性会議です。第二回国際共産主義女性会議には、二八カ国の代表八二名（六一名は決議権をもち他は評議権をもつ）が参加しました。この会議は、モスクワの女性書記局を強化するために西ヨーロッパに「補助機関」をおくことを決めるなど、国際女性運動への指導はいちだんと強化されることになりました（*The Communist International*, Vol. 3, 16/17, 1921, pp. 146–147および*K. F–I.*, Mai/Juni 1921, Doppelheft, 2/3, pp. 1–6）。

国際女性デーにとって特筆すべきことは、この会議で、国際女性デーをロシアにあわせて三月八日に挙行するようにきめたことでしょう。クララ・ツェトキンはこのことについて、「国際女性デーを、ロシアの女性同志たちが催している三月八日におこなうという、わがブルガリアの女性同志たちの提案とモスクワ第二回共産主義女性会議の決議は、感激の嵐でむかえ入れられました。二八カ国の女性共産主義者の代表の知恵と意志は、一つのすぐれた偉大な決断に結集しました」（*Inprekor*, 11. Feb. 1922, Nr. 16/17, p. 123. *K. F–I*, Jan/Feb. 1922, Doppelheft, 1/2, p. 1）とのべています。このように一九二一年、コミンテルンは、ヨーロッパへの指導も強化し、中近東の女性もその戦列に組み入れながら国際女性デーを統一して三月八日と固定させたのです。

モスクワにおける1921年の第二回国際共産主義女性会議の議長団。（中央白髪の女性がツェトキン）

こうしてみれば、国際女性デーは、ロシア革命色と第三インターナショナル色を強く持ちながら、世界に広がって行ったということが考えられます。日本に入ってきたときはまさに、この色一色だったといってもいいでしょう。

4　一九二二年以降一九三三年までの第三インターナショナルと女性デー

一九二二年、コミンテルンは、この時点で、特に国際女性デーと飢餓救援活動を、広範な女性を政治的思考、政治的活動に目ざめさせる出発点として重視しました。この年の女性デーの性格とコミンテルンの方針を、この年に書かれた、クララ・ツェトキンの「国際共産主義女性デー」（*Inprekor*, 11. Feb. 1922, Nr. 16/17, pp. 123–125. *K. F–I*, Jan/Feb. 1922, Doppelheft, 1/2, pp. 1–6）と、ヘルタ・シュトルムの「国際女性デーとプロレタリア統一戦線」（*Inprekor*. 1922, Nr. 26, pp. 208–208）という二つの論説によって見ることにしましょう。

クララ・ツェトキンは、この年の国際女性デーは、もっとも広範な女性大衆を共産主義のがわに獲得し、ブルジョア制度に反対し、プロレタリアによる権力奪取のためにたたかう日でなければならず、女性共産主義者の行動力を説明する日でなければならないとしています。女性デーは、全国統一して三月八日としますが、各国共産党、共産主義、第三インタナショナルの宣伝行為のために、三月五〜一二までの国際女性デーの週間をもうけること、三月五日は、ローザ・ルクセンブルクの誕生日なので、この日に、国際共産主義女性週間は始まるものとするとしています。

ヘルタ・シュトルムはこのような週間がもうけられたのは、「国際女性デーの挙行以来はじめて」のことであったとし、[8] 一九二二年の女性デーは「これまでのどの年よりも力強く、わが戦列の中にプロレタリア女性とプロレタリアの新しい軍隊を編入する出発点であり、力強い胎動である」といいました。また、「一致した統一戦線の中で、全世界のすべての階級意識ある労働者と労働女性の中で、どの党に所属しているかの区別なく、英雄的にたたかっているロシアの男女労働者、男女農民とともに、共通の宿敵、資本主義にたいして、その生か死かをめぐってたたかおうではないか」と呼びかけているのです。この年の女性デーのスローガンは「万国のプロレタリア女性、プロレタリアの国際統一戦線に入れ！」でした。

機関誌『共産主義女性インタナショナル』一九二二年四月号には、ドイツ、ソビエトロシア、ウラル・コーカサス、ブルガリア、オーストリア、チェコスロバキア、スイス、オランダ、イタリアの女性デーを紹介しています。この年の女性デーの成功について、コミンテルンは第二インタナショナル時からの革命的伝統と、その伝統が、今なお社会民主党にも名残りをとどめていることをあげています。

一九二三年一月、フランスおよびベルギー軍がルール地方を占領して国際情勢は緊迫しました。女性書記局は、各支部は女性党員との結びつきを強め、ソビエト連邦の援助、ドイツプロレタリアートとの連帯、フランスのルール占領反対闘争を展開しました。

クララ・ツェトキンは、『共産主義女性インタナショナル』同年二月号に、「一九二三年の国際共産主義女性デー」と題する巻頭論文をのせ、「国際女性デーは、プロレタリア統一戦線をめざすたたかい、そしてプロレタリア統一戦線内のたたかいをむすぶ鎖の環です」と書いています。一九二三年の女性デーは、東洋にも影響が広がっていくことで特徴付けられます。日本もかかわってきますので、次章でそれについてふれましょう。

一九二四年のはじめまでに、終戦直後の時期の革命的高揚は終りを告げていました。この一九二四年二月初旬、クララ・ツェトキンは『インプレコル』誌に、「一九二四年の国際共産主義女性デー」と題する論文を二度にわたって執筆し、さらに同月下旬には「一九二四年の国際共産主義女性デーにむけて」という論説をのせています。これらによれば、クララは、「(国際女性デーの)目的は、共産主義が、女性たちを苦痛や悲しみ、搾取と不自由から解放するのだというよろこばしい知らせを、もっとも広範な働く女性大衆にもたらすことにある」として、女性デーが、あらゆる国の女性のたたかいの連帯の日であることを強調しています。

一九二五年の女性デーは、西欧諸国においては、前年とくらべて前進し、女性デーを積極的に準備しとりくんだ諸国の数は従来にみられないほどに及びました。すなわち、ドイツ、オーストリア、スイス、オランダ、チェコスロバキア、フランス、イギリス、イタリア、スウェーデン、ノルウェー、ポーランド、リトアニア、フィンランド、ルーマニア、アメリカ、アルゼンチン、中国、ソビエトで、コミンテルンの支部の党が活動して女性デーの集会をもつことに成功しました。こうした成果をあげることができたのは、国際女性書記局の各支部が密接な連携をとったことと、コミンテルン第五回大会以後、各支部が女性のあいだでの活動を組織化しはじめたことによるものでした。

オーストリアでは、八時間労働日、労働法の制定、失業とロックアウト反対、パン値上げと飢え反対、母性保護領域での支持率の低下反対、堕胎条項反対、ブルジョアジーの独裁反対、プロレタリアートの独裁、統一戦線ならびに労働組合運動の統一、ソビエト連邦と第三インタナショナル支持をかかげ多数の集会をもち、特別の新聞を発行しました。スイスでは新聞が出され集会がもたれました。特に堕胎条項の除去が要求されました。チューリヒでの集会での討論について『働く女性』の編集部は、女性労働者にかんするたくさんの投書をうけとりました。オランダでは、物価騰貴反対、新課税反対、賃金引下げ反対、失業者救助、母子保護の実施、非嫡出子の権利剥奪反対、立法の改悪反対、インドでの恐怖政治反対、統一戦線の結成をスローガンにかかげ、新聞の特別号を発行しました。スウェーデンでは、三月八日に、十三万の女性労働者のロックアウトのあいだに、「ファシズム反対」のスローガンで、公用の集会が組織され、新聞の特集号が出されました。

一九二六年二月に、ヘルタ・シュトルムは『インプレコル』誌に、「一九二六年三月八日」と題する論説をのせ、二六年の国際情勢からみて、女性デーのとりくむべき課題を次のように明らかにしています。


全ヨーロッパに、するどい経済危機と厖大な失業が発生している。大戦後慢性的にかなりの失業者をかかえているイギリスはもちろん、ドイツ、オーストリア、バルカン、スカンジナビア諸国、そしてイタリアでも失業が発生している。フランスではインフレが起こっている。あらゆる国の内部で階級闘争がおこなわれている。国際女性デーに、われわれは、女性大衆に、彼女たちの苦しみから抜け出るにはどの道を歩まねばならないかをはっきり云わねばならない。その道とはつまり「統一戦線」のことである。……われわれは、彼女たちに、すべての労働者、職員、小農、小市民層をいかにして集めるか、そして特に、無党派であれ、共産主義者であれ、社会民主主義者であれ、カトリック信者であれ、国家主義者であれ、資本によっていかに搾取されているかということ、またすべて彼らは、同じ利益をもっており、同じ仲間でなければならないということ、女性の、男性との団結は、彼らが、たたかいの中にある時は常に、いつでも、どこでも、今日は賃金のために、明日は解雇に反対して、また、ここでは企業内での権利のために、かしこでは税収奪や屈辱的裁判差別に反対しておこなわれねばならない、ということを示さねばならない……（*Inprekor*, 1926, Nr. 29, pp. 443–444）。

この年、コミンテルンは、さらに東洋の女性デーについても方針を出しています。

一九二七年の女性デーは、ロシア三月革命の十周年、したがってその発端となったペトログラードの女性の示威行進の十周年にあたり、『インプレコル』誌の英語版は、一九一七年の『プラウダ』初号の「三月八日から十日までのあいだのペトログラードの路上で」の記事を再録したり、本章冒頭で述べた一九一七年の国際女性デーにさいしてのモスクワ委員会の宣言を紹介したりして、国際女性デーとロシア三月革命とのかかわりを宣伝し、国際女性デーの意義についての認識を深めさせることに努力しました。

一九二八年二月にひらかれたコミンテルン拡大執行委員会（以下ＥＫＫＩと略記）第九回総会は、「階級対階級」の戦術方針を確認しました。同じ二月、ヘルタ・シュトルムは、『インプレコル』誌に「一九二八年の国際共産主義女性デー」と題する論説をのせ、「一九二八年三月には、階級意識ある働く女性の軍隊は、共産主義インタナショナルの旗のもとに、世界資本主義の攻撃に反対し、ファシズムと帝国主義戦争に反対し、中国革命を

1927年のサマルカンドの国際女性デーのデモ（Wurms 1980, p. 46）

支援し、ソビエト共和国を支援して示威行動を行った。今年の国際女性デーは、同じスローガンのためのたたかいを、女性大衆に呼びかける。しかし、たたかいの局面は変っている。そしてそれとともに、たたかいの形態も変化している。あらゆる問題は、今日ではいっそう激化し、それゆえ労働者と資本家とのあいだの階級戦争の二大戦線は、より意識的に、またより緊張して、密集してきているのである」とのべています（*Inprekor*, 1928, Nr. 19, p. 339）。

実際のソビエト共和国の国際女性デーについては、三月八日、モスクワ付で「今日、全ソビエト連邦で国際女性デーが祝われた。経営組織にいる女性労働者は平常より終業時間を二時間早めた。工場では集会がひらかれた。新聞は多くの論説の中で、ソビエト共和国の生活のさまざまな分野での女性の役割を論じ、文化活動の領域への女性の参加がますます増えていることを力説した。クララ・ツェトキンは、ソビエト連邦人民共和国の女性に呼びかけを出した。その中で彼女は、彼らの精力的な解放闘争を称揚し、広範な人口の女性大衆に、東洋の進歩的女性に連帯するよう注意をうながした」と報じられています（*Inspector*, 1928, Nr. 25, p. 478）。

一九二九年、ＥＫＫＩはまた三月七日に、「万国の女性労働者と働く女性の皆さん」と題する国際女性デーにむけての呼びかけを発表しました。それは一九二九年の国際女性デーが、新しい帝国主義戦争の危機と、失業者の増大の中で催されることを示し、資本主義国と植民地の女性労働者、労働者の妻、農村女性、働く女性には、帝国主義との闘争を、ソビエト連邦の女性には、社会主義建設と、プロレタリア独裁の敵（富農、ネップ人、官僚主義者、寄生的人々）との闘いに全力を集中するよう呼びかけています（*Inprekor*, 1929, Nr. 23, p. 505）。

一九三〇年、『インプレコル』誌は、二月一一日付（一五号）に、すでにしばしば引用した「国際女性デーの歴史から」（E・Pf）をのせ、二月二五日付（二〇号）は国際女性デー特集号として編集されています。この特集号は、日本でも全文翻訳されて出版されているのです（『国際プロレタリア婦人運動』戦旗社、1930. 10）が、この特集号の中に長文の「一九三〇年の国際女性デーにかんするテーゼ」が発表されています。テーゼは冒頭でこの年の女性デーを特徴づけて次のようにいっています。

三月八日の共産主義女性デーは、女性の国際的団結の日であり、万国のはば広い女性大衆を、帝国主義、ファシズム、社会ファシズムに反対し、新しい帝国主義戦争に反対して、働くものの唯一の祖国、ソビエト連邦の防衛のためのたたかいに動員する日である。

国際女性デーと、国際失業反対闘争デーが、時を同じくして開催されることは、この日に特別きわだった闘争的性格を与える。

一九三一年、国際女性書記局は、この年の女性デーに、「国際共産主義女性デー」の名称を与え、資本主義国、東洋および植民地諸国、ソビエト連邦のそれぞれの女性を対象に五一項目にわたるスローガンをかかげました。(9)クララ・ツェトキンの死の前年、一九三二年の国際女性デーは、一九三一年九月一八日に、日本帝国主義によってひきおこされた満州事変にたいし、中国を支援する国際連帯の性格が前面にうち出されていましたが、この時にクララが書いた論説—それは彼女が書いた最後の女性デーに関する論説でした—から「Ⅱ　国際女性デーの歴史」をみることにしましょう。クララは歴史を次のように説明しています。

一九一〇年、コペンハーゲンでひらかれた第二回国際社会主義女性会議は、性の区別なく、全プロレタリアの階級的結合とは何であるかを認識して、ブルジョワ社会制度に反対し、社会主義をめざす男女の共同の闘争日として、毎年、国際社会主義女性デーを挙行することを決定した。

女性社会主義者たちのコペンハーゲン会議での決議とその目的にあわせた遂行は、第二インタナショナル内の『右派』、すなわち日和見主義者の見解と態度にたいするもっともするどい闘争と同じ意味をもっていた。彼らと連繫をもつ諸党や諸組織の多くは、非常に強く改良主義者の感化をうけ、全プロレタリアートの前進の努力を示す階級的闘争行動日としての国際女性デーの性格を弱めてしまった。その結果、根本的本質的核心は統一がないまま、不明確でばらばらになったままおこなわれている。ロシアにおいては、ボルシェヴィキの党は、多大な困難にもかかわらず、コペンハーゲン会議の決議を、その性格と目的にぴったり合意して遂行した。

そこで、一九一七年三月八日、ペトログラード―現レニングラード[10]―での国際社会主義女性デーは、ボルシェヴィキの活動、スローガン、疲れを知らぬ宣伝によって、巨大な大衆示威行動をひき起した。それは、戦争とツァーリズムに反対する大胆な大衆闘争に高まった。一九一七年、三月八日は、ブルジョワ民主主義革命の出発点、赤い十月の、矛盾にみちたおもわぬ序幕となった。一九二一年六月にモスクワでひらかれた国際共産主義女性会議は、毎年の国際共産主義女性デーの開催に賛成することを言明した。三月八日の歴史的意義の価値をみとめて、会議はブルガリアの女性同士の提案に、一致して、熱烈な拍手をおくり、この日付を、統一して国際共産主義女性デーのために確定することを決議した。共産主義インタナショナルの世界大会はこの決議を承認した。

今日と、コペンハーゲン会議の決定とのあいだには、歴史的に若干の期間が横たわっている。しかしながら、それ以来の歴史的発展は、たとえそれが、革命的感情の情熱的意志や望みにとって、非常にゆるやかなものに思われようとも、長足の進歩をとげてきたのだ。人類は、あらしのような速度で回転する世界の中にいる。人類は、一つの新しい世界の前に立っている。一九一〇年に、萌芽すなわち芽生えのうちに予告したものが、いわば温室の熱で、一夜にして巨人のように成長したのだ。帝国主義的人民殺戮は、世界資本主義がその死滅の時代に入ったということを意味する。資本主義的経済組織の破滅の重大な危機は、資本主義が、死期の寸前にあることを証明している。……そして、資本主義は、民主主義の表情で美しくほろびはしない。それは、野獣のようなファシストの凶行をもって、いまわしい醜さのうちに死ぬ。

赤い十月は、プロレタリア大衆の、信念に忠実な、未来を確信した英雄的・犠牲的勇気のおかげで、人類史の一つの新しい時期をきりひらいた、プロレタリア独裁の国家、その生活と活動は、目的と方向を知った共産

8. MÄRZ

Der internationale Frauentag

ein Kampftag gegen Faschismus und Kriegsgefahr

„Frieden, Brot, Freiheit"

Den Blick auf dieses Ziel gerichtet

Volle Befreiung, volles Recht für die Gesamtheit der Frauen

Frauentag 1917 im zaristischen Rußland

eine entschieden revolutionäre Kundgebung des Proletariats

ドイツ、1932年の国際女性デーの記事『戦う女性』（Wurms 1980, p. 67）

党の指導のもとにある階級としてのプロレタリアートに、単に、大所有者と搾取者の支配を打ち破る力をつけただけではなく、人間の人間による搾取や隷従化のない社会制度としての社会主義を築く資格をも与えたという、根絶しがたい大きな証明であった。到達した高い熟達した歴史的発展段階は、国際共産主義女性デーの性格や、成果のうちに、その表れをみることができる。社会的経過や発達の過程を示す事実材料の充満という明白な、知的な支配をもって、また完全な力の配置をもって、国際共産主義女性デーは、歴史的出来事が、大衆の知識、大衆の意志、そして大衆の行為の中に解放をつげ知らせる効果が表れるように寄与しなければならない（*Inprekor*, 1932, No. 21, p. 612.）。

これは、第二インタナショナル期からコミンテルンまで、毎年の情勢の分析から、国際女性デーの課題を導き出し、国際的連帯行動のために心を砕いてきたクララ・ツェトキン自身の、女性デーについての歴史的叙述として貴重な資料と思われます。この叙述は、現時点では修正されるべき論点を多く含んでいます。しかし、当時の歴史的認識としては当然であったと思われるクララ特有の格調の高さを認めないわけにはいかないのではないでしょうか。

一九三三年一月三〇日、ドイツでは、ナチスが政権を掌握しました。国際女性デーを前にした三月初旬、ナチスは次々と弾圧をしかけました。こうした中で『インプレコル』誌二月二五日付は、国際女性デー特集号として編集され、ソビエトにおける女性の状態が詳細に紹介され、その他、ポーランド、ドイツ、フランス、ベルギー、スペイン、イタリア、日本、チェコスロバキア、オーストリア、ギリシア、ユーゴスラビアの女性の状態とたたかいが報じられています。一九三三年の国際女性デーからスターリン個人崇拝のスローガンが現れます。

5　一九三四〜三九年、そして第三インターナショナルの崩壊まで

一九三四年の女性デーの主要スローガンもまた、「ファシズムと帝国主義戦争に反対してたたかえ」というものでした。この年の女性デーは、一九一〇年の第二回国際社会主義女性会議でその提唱以来、一貫して先頭にたってこの日を指導してきたクララ・ツェトキン没後はじめての女性デーでした。コミンテルンは、このことについて、『ルントシャウ』誌[11]に、「この年、われわれは、国際女性デーを、はじめてクララ・ツェトキンなしに開催する。長年にわたって、数百万女性を鼓舞した彼女の精神、彼女の闘争意欲は、今年もまた国際女性デーに魂をふきこむことであろう」と書いています（*Rundschau*, 1934, Nr. 20, p. 749）。一九三四年は、また、戦争とファシズムに反対する国際女性会議（八月四日〜六日）がパリで開催されたことで重要です。会議には二五カ国から代表一〇八六名が集まりました[12]。

一九三五年の国際女性デーに、ＥＫＫＩは、二二項目のスローガンを掲げました（*Rundschau*, 1935, Nr. 10, p. 540）。このスローガンには、当時のコミンテルン指導部の問題点を反映して種々の要素が錯綜してもりこまれています。すなわち一面では、一九三四年のパリでの国際女性会議の幅ひろい統一戦線をうけつぎ、それを主張しながら、社会民主主義や宗教にたいする誤解をまねきかねないセクト的方針が依然として顔をのぞかせており、当時の時代的制約上やむをえないとはいえ、スターリンの個人崇拝的要素ももち込まれているといった具合です。全体として前年のパリでの無党派的国際女性会議の宣言とくらべて幅のせまさが目につきます。

コミンテルンは、一九三六年の国際女性デーにさいし、全世界の女性にむけて次のような呼びかけを発表しました。

○戦争に反対し、エチオピアと中国での略奪的戦争の即刻中止のためにたたかいましょう。平和のためにたたかっているソビエト連邦を支持しましょう。日本帝国主義とドイツファシズムがソビエト連邦へむけて準備している襲撃に反対してたたかいましょう。
○女性の労働と保護にかんする要求権を制限するあらゆる法律の廃止、ならびに「同一労働同一賃金」の原則の基礎の上で賃上げをめざしてたたかいましょう。
○高物価に反対し、生活手段と公共料金の価格引下げのために、失業者と子供の保護のためにたたかいましょう。
○女性の政治的不平等に反対し、年金や国籍を制限しない女性選挙権のためにたたかいましょう。
○少数民族の抑圧と、学校での子供にたいする過激な愛国主義教育に反対し、いかなる国籍をもつものも、植民地民族も同等の権利をもつように、またあらゆる働く者の兄弟的団結のためにたたかいましょう
(*Rundschau*, 1936, Nr. 11, p. 440)。

一九三七年の国際女性デーの課題を、コミンテルンは次の三点にしぼっています。第一は、ドイツファシズムとたたかうこと、第二は、前年一一月に採択された新しいソビエト連邦憲法の民主的進歩的性格、特に、同憲法一二二条の女性と子供にかんする規定の進歩性と、ソビエト連邦で解放されつつある女性の状態を全世界に知らせること、第三に、前年七月以来開始されているファシスト反乱軍と、ドイツ＝イタリア干渉軍にたいするスペイン人民の民族革命戦争を支援することです。

一九三七年の女性デーの国際連帯の焦点は何といっても、この第三の、スペイン人民の支援にありました。

『ルントシャウ』誌の三月四日付論説は、この点について、次のように書いています。

今年の国際女性デーのもっとも重要な眼目は、スペイン人民をまもるカンパニア、ドイツ、イタリアファシストがスペインのファシストを支援するために企てた干渉を阻止するカンパニアにあります。スペインにおけるファシズムの勝利は、単に、民主主義の抑圧であるばかりか、結局は、あらゆる民主的な人民の権利を踏みにじることであり、また、ドイツに典型をみるような、野蛮なファシストの支配の確立を意味することになるだろうと予測されるのは疑問の余地のないところです。スペインにおけるファシズムの勝利はまた、新しい世界戦争の促進をも意味することになるでしょう。従って、国際女性デーにむけての主要スローガンは、世界ファシズムに反対して歴史的にたたかっているスペイン人民と連帯しましょう／スペインの女性を援助しましょう／スペインの子供の生命を守りましょう／民兵の戦士たちに衛生面での援助を与えましょう／です（*Rundschau*, 1937, Nr. 10, p. 382）。

一九三八年のはじめに、コミンテルンは、その文書や檄文のなかで、オーストリア、チェコスロバキア、その他の国々に、ヒトラーが侵略することを予期しなければならないと警告しています（村田訳 1973, p. 42）。事実、この年の三月一三日には、ナチス・ドイツがオーストリアを併合し、その後、チェコスロバキアも、半ばドイツの包囲下におかれました。四月八日にはフランス人民戦線が瓦解しました。この年の女性デーについてみるべき文書は残されていませんが、女性運動の国際的連帯で特筆すべきことは、スペイン共和国、中国、チェコスロバキアの情勢を分析し、ファシストに反対する平和と民主主義のあらゆる勢力の力を統一することを議題に五月一三日～一五日までマルセイユで「平和と民主主義のための世界女性会議」が開催されたことです。この集会にはさまざまに異なる政治的・宗教的見解をもつ諸組織から七〇〇名の代表が参加しました（*Rundschau* 1938, Nr. 28, p. 939）。

一九三九年の国際女性デーは、ミュンヘン協定[13]後の重大な国際情勢のもとでむかえられました。しかし、この年のコミンテルンの国際女性デーの指導方針は文献上明らかではありません。国際女性デーをまえにした二月二十七日、レーニンの妻クループスカヤが七〇歳の生涯をとじました。クループスカヤの最後の日々には、この年の女性デーの準備活動への参加の足あとがのこされています。たとえば、一九三九年一月二一日の朝、クループスカヤは、セルプホフ地区の新聞『コムニスト』に送るはずの、国際女性デーについての論文を書きあげ、夜には、共産党（ボルシェビキ）中央委員会の、三月八日のための国際女性デー実行委員会に出席しているなどです（ドリゾー＝岩上訳　1970, pp. 262–263）。

この年のソビエト連邦の国際女性デーは、三月一〇日から二一日までひらかれるソビエト連邦共産党第一八回大会の前夜でした。またこの年は、ソビエト連邦の国民経済発展第三次五カ年計画（一九三八～一九四三年）の第二年次にあたっています。『ルントシャウ』誌の論説、「三月八日によせて、社会主義国における女性」は、この五カ年計画での女性関係の予算措置について、「この計画によれば、ソビエト政府は、子供の教育、子供の多い家族の援助や、ソ連における働く女性の状態改善のために、年々より多くの方策を講じている。一九四三年まででおこなわれる第三次五カ年計画のあいだ中、ソビエト国家は、多子家族の援助、文化的・社会的配慮や健康上の保護ならびに教育のための方策として、一九三七年の三〇八億ルーブルの支出にたいして、年額五三〇億ルーブルにひきあげる」と書いています（*Rundschau* 1939, Nr. 10, p. 315）。

ドイツのラーフェンスブリュック女性強制収容所（Müller 1980, p. 32）

しかし、女性の反ファシズムのたたかいの努力にもかかわらず、ファシズムの側の攻勢はいちだんとすすめられました。一九三九年三月一六日、チェコスロバキアがドイツに併合され、同じ三月二八日、一九三七年以来、それへの支援が民主的女性連の国際連帯の主要スローガンであったスペインの民族解放のたたかいは崩壊しました。

一九四〇年代前半、戦争とファシズムのもとでの女性デーは、息絶えていたわけではありません。一九四〇年、一九四二年、一九四三年は、イギリスで国際女性デーがもたれました。ドイツのラーフェンスブリュック女性強制収容所では、一九四〇年から四五年まで、非合法下で国際女性デーの意思表示が行われていました。アメリカ大陸に亡命したドイツ女性も、亡命地で三月八日を忘れませんでした。一九四三年六月一〇日コミンテルンは解散し、九月八日イタリアは連合国に降伏しました。一九四四年、一九四五年と、モスクワ放送を通じて、国際女性デーにドイツ語で訴え、ついに、一九四五年四月三〇日ソ連の戦車がラーフェンスブリュック強制収容所の門に達し、女性たちは解放されたのです（伊藤 1989）。

以上が、コミンテルン期の国際女性デーです。最初はレーニンが国際女性デーに登場しました。一九二一年のコミンテルンの女性会議で、世界の女性デーを三月八日にすることが決められました。それから一〇年、クララ・ツェトキンが女性デーの先頭に立っています。一九三〇年代、女性デーのスローガンにもスターリン個人崇拝の影響がでてきます。ファシズムのなかで一九三四年と一九三八年ヨーロッパでさまざまな反ファシズムをとなえるさまざまな流派の女性が集まる国際的女性会議が開かれていました。これ以上のコメントは控えて、いよいよ日本の女性デーをみることにしましょう。

注

(1) このような宣言があったかどうかを疑うものもいる。第二章でとりあげたフランスのフェミニスト誌『ラ・ルヴュ・ダン・ファース』一九八二年秋冬号がそれである。しかし、同紙も「この行動が自発的であったかどうか、あるいは女性たちだけによるものであったかどうかは別として、ともかく、この三月八日に平和を求め、飢餓に反対するデモが行われたことだけは事実である」と書いている。

(2) 三年前というのは、わたくしには確認できなかった。第二インタナショナルの第二回国際社会主義女性会議は一九一〇年であるし、ロシアがはじめて国際女性デーの催しをもったのは一九一三年であった。一九一七年の三年前は一九一四年であり、この年万国女性労働者会議が開催された事実を把握していない。

(3)　Manifesto, Richtlinien, Beschlusse der Ersten Kongress, Aufruf und offene Schreiben des Exekutivkomitee bis zum zweiten Kongress, 1920, pp. 68–69.（以下単にManifesto）

(4)　一九二〇年代までの国際女性デーについては、エフ・フ（F・pf）という筆名で書いた論文が『国際報道通信』（*Internationale Presse Korrespondenz*、一般に*Inprekorr.*『インプレコル』と呼ぶ）Nr. 15, 1930. 2. 11, に載っておりそれを参考にした。この論文は、産業労働調査所編『国際女性運動の現勢』希望閣、1931に邦訳収録されている。しかし、この論文の記述が正確である確証はない。参考程度に使用するのが無難と考える。この期に邦訳されたものは、水田珠枝氏の監修で『世界女性学基礎文献集成　昭和初期編　第九巻』（ゆまに書房）に収録され二〇〇一年に出版された。

(5)　Manifesto, Richtlinien, Beschlusse der Ersten Kongress, Aufruf und offene Schreibendes Exekutivkomitee bis zum Zweiten Kongress, 1920, pp. 227–228.

(6)　『プラウダ』一九二〇年三月八日付け（『レーニン全集』大月書店版、三〇巻、pp. 422–423）

(7)　*Die Kommunistischen Fraueninternationale*, April 1921, Heft 1. クララ・ツェトキン編集（以下*K. F-I*と略記）。

(8)　しかし、一九一四年のドイツ社会民主党ヴュルツブルク党大会記録にはすでに、「国際女性デー」とならんで「赤い週間」の活動報告がなされている（SPD. Pr. 1917, Anhang1, p. 9）のはすでに前章でふれたとおり。

(9)　『インタナショナル』（1931年、Vol. 5, No. 7, pp. 116–117）に、「国際女性デーのスローガン」として、『プラウダ』1931年三月四日号に載せられたスローガンが掲げられておりそれによる。

(10)　当時のレニングラード。現在サンクト・ペテルブルク。

(11)　『ルントシャウ』：*Rundschau über Politik, Wirtschaft und Arbeiterbewegung*, 1934, Nr. 20, p. 749, *Rundschau* ……は、

一九二三年から一九三九年まで、バーゼルで出版されていたコミンテルンの定期刊行物。*Runschau*と略記する。ルントシャウとは評論の意。

⑿ この会議の詳細は、拙稿（川口他 1980, pp. 144–166）参照。

⒀ 一九三八年九月、ミュンヘンで、ドイツ、イギリス、フランス、イタリアの四カ国政府の間に結ばれた協定で、チェコスロバキアのズデーデン地方をドイツへ帰属させることを決定。

V

日本の国際女性デーのエポック

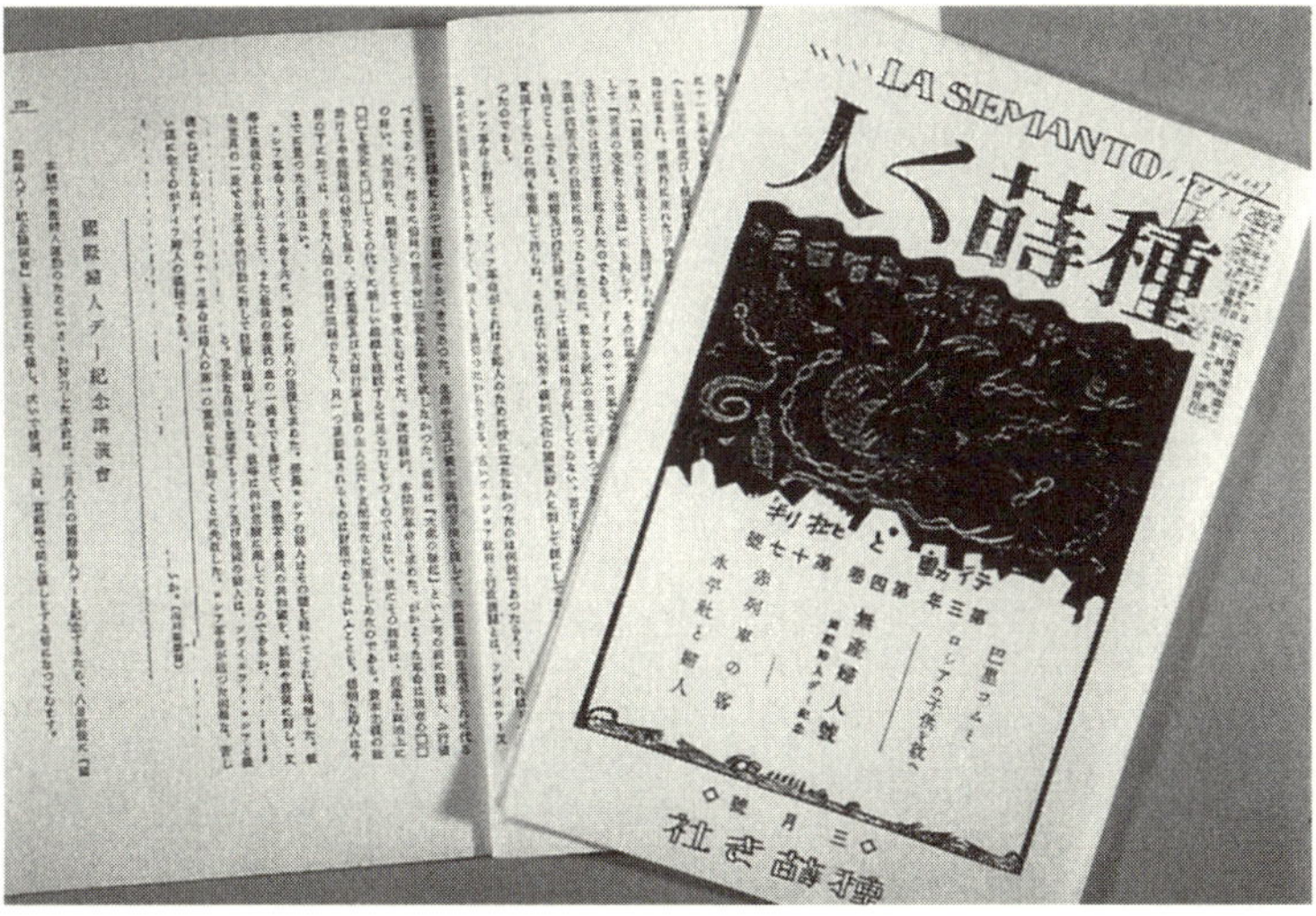

前頁：『種蒔く人』1923年3月号

V　日本の国際女性デーのエポック

日本については、女性デー導入時の状況と、戦後の山川菊栄の国際女性デーをめぐる謎、そして世紀を越えた二一世紀の女性デーと、三つのエポックだけを扱いたいと思います。(1)

1　第三インターナショナルの女性政策と日本の国際女性デー

第四章まで続けてお読み頂けた読者には、アメリカ社会党の女性運動と第二インターナショナルの女性運動と、ロシア革命と第三インターナショナルの女性運動という、二〇世紀初頭の国際的な社会主義女性運動を抜きにしては、国際女性デーの歴史は語れないということがおわかりいただけたと思います。

では、日本ではいつ誰が、国際女性デーをはじめることになったのでしょうか。

岩波書店から二〇〇二年に出された『女性学事典』で国際女性デーをひいてみますと、日本の社会主義女性運動に詳しい鈴木裕子さんが、その辺を担当し、「国際婦人デー」として次のように書いています。(2)

女性解放を目指し、国際的連帯を求める日。一九〇九年アメリカの社会主義的女性たちによる政治的権利を要求するデモをきっかけに、一〇年第二回国際社会主義婦人会議において、クララ・ツェトキンらが女性の諸要求実現のための統一行動として国際婦人デーを提案し、一一年に初めて数カ国で実施。のち三月八日に統一。日本では二三年山川菊栄が「全世界の無産婦人が、一切の罪悪の根源であり、女性屈従の原因である資本主義に対して抵抗する日」として提唱し、三月八日に日本最初の国際婦人デー記念講演会を開催。主催は種蒔社であったが、中心になって準備したのは山川の周りに集まっていた八日会、旧赤欄会、水曜会の女性たちであった。講演会は大聴衆で埋まったが、わずか四〇分ほどで中止・解散となった。以後三二年頃までは官憲による弾圧のなか各地・各地域で記念の集会がもたれた。戦後最初の婦人デーは、四七年三月九日女性を守る会が提唱し、人民広場（皇居前広場）で開催。以後は毎年三月八日に開かれ、今日では国際女性デーと呼ばれることが多い（『岩波女性学事典』p. 134）。

日本では一九二三年が最初の女性デーであること[3]、山川菊栄が重要な役割を担ったこと[4]がわかります。なぜ一九二三年だったのでしょうか。

まず、一九二〇年代初期の日本の女性運動はどのような状況だったのでしょう。一九二〇年三月、女性参政権と女性の社会的地位をめざした女性団体「新婦人協会」が発会式をもちました。この会は平塚らいてふのよびかけで、市川房枝、奥むめおらが協力して一九一九年から活動を開始したものです。式には『婦人公論』編集長嶋中雄作、社会主義者の堺利彦も出席し、三〇〇人の会員をもっていました。全国組織として請願運動を展開し、女性の政談演説会参加を可能にする治安警察法第五条の修正を成立させました。しかし、この団体の生命は短く、一九二二年末解散しました。

これとは別に、一九二一年四月、山川菊栄、伊藤野枝、堺真柄ら四二人の女性によって、日本で最初の社会主義女性団体「赤欄会」が結成されました。この団体は同年五月の日本での第二回メーデーに参加したり、「婦人問題講演会」「夏期講習会」を開催しましたが自然解消しています。一九二二年はじめ、山川菊栄のまわりに集まった「水曜会」の女子学生などによって国際女性デーを記念して「八日会」が結成されました。この会は「露国飢饉救済婦人有志会」を起こし、翌一九二三年に開催された日本での第一回国際女性デーには中心的活動を行いましたがその後関東大震災被災者救援活動を行った後解散しました。

「赤欄会」「八日会」の中心人物は、山川菊栄でした。当時、英語文献を通じて、一九二〇年代の国際女性運動、特にコミンテルンの女性政策に通じていた第一人者はまぎれもなく山川菊栄でした。彼女こそ日本の国際女性デー誕生のキーパーソンです(5)。しかし、山川菊栄と日本の国際女性デーとの関わりも、後の「婦人の日」をめぐる菊栄の言動ともかかわって謎の一つなのです。日本の女性デーの歴史を見る時、この問題は避けられません。

1947年9月26日東京大手町での山川菊栄労働省婦人少年局長を囲む懇談会。「婦人民主新聞」1947年10月2日1面より。

この時、菊栄は、コミンテルンについて何を把握していたのでしょうか。山川菊栄研究をみてもこの辺の所が手薄に思われます。ただ一本、菊栄の一九二〇年代に注目した研究（鈴木 1976）がありますが、コミンテルンの文献と対比して書かれてはいません。わたくしは、このことが気になって「山川菊栄とコミンテルンの婦人政策」という小論を書いたことがあります（伊藤 1982, pp. 47–55）。ここではその時のわたくしの研究からまとめてみましょう。菊栄は、まず第一に、一九一九年の創立から二〇年の頃のコミンテルンの女性政策はほぼ把握していたということが、一九二一年六月発表の論文「第三インターナショナルと婦人」

（『山川菊枝集』第二巻収録）でわかります。第二に、一九二一年のコミンテルンの女性会議、国際女性デーを三月八日ときめたあの会議については開催されたことを把握していました。なぜなら、二一年の暮れ「過去一年の婦人界を省みて」（『改造』一九二一年一二月号、pp. 181–182、『山川菊栄集』には収録無し）と題する論稿のなかに、「国際的に注意をひいた事項」として、「モスコーの第三インタナショナル婦人大会」をあげているからです。第三に、日本に国際女性デーが入ってくる一九二二年〜二三年当時、菊栄は、コミンテルンの女性運動情報を熟知し、信頼をよせていたということです。二三年七月に発表された菊栄の「第三インターナショナルと某婦人部」（『山川菊栄集』には収録無し）で、次のように書いています。

第三インターナショナルは全世界の無産階級運動の中枢として、あらゆる問題に対して、最も正確な知識と、最も透徹した先見と、最も機宜に適した処置とを以ってのぞもうとしている。そこで国際的な社会問題の一つである婦人問題に対しても、最も実際的な方策を樹てている。

中略

ブルジョア婦人運動は別として、社会主義諸派の中では、まづ第一に男女無産者を貧困の鉄鎖より解放せねばならぬという基礎条件に関して完全に意見の一致を見ている。けれども第三インターナショナルと他の諸派との違う所は、前者は単にこの基礎条件を認めるだけに甘んぜず、何千年来、男子と異なる生活、教育及び心理状態を保持して来た現実の婦人の実際の心もち、最も痛切な要求に適合した教育や運動の方法を講じて行こうとするに引きかえ、後者の方は男女無産者は経済状態の改善によって等しく解放されるという基礎条件を後生大事に守っているだけで、それ以上に実際的、積極的な方法を講じていない点である（『女性改造』一九二三年七月号、p. 149)。

わたくしにとってきわめて興味深いのは、菊栄は、ここで、「社会主義諸派」から「第三インターナショナルを区別していることです。そして、「第三インターナショナル」は、現実的・具体的な婦人政策を示して運動を展開していると菊栄が評価していることです。日本でのはじめての女性デーは、一九二三年三月八日に催されましたが、一九二一年の、国際女性デーを三月八日にきめた「モスコーの第三インタナショナル婦人大会」(前章の第二回国際共産主義女性会議のこと)をはじめ、一九二二年のコミンテルンの女性運動指導を評価していた菊栄が女性デーの先頭に立ったのは納得させられることではないでしょうか[6]。

日本の国際女性デーと関連して、第二次世界大戦以降、再び菊栄がある役割をもちますが、今は一九二三年のことに集中したいと思います[7]。

2　一九二三年の日本最初の女性デーから戦前

日本の第一回国際女性デーは、一九二三年三月八日、すでに機関誌『種蒔く人』[8]一九二三年三月号を「無産婦人号―国際婦人デー記念」として出していた「種蒔き社」主催で神田青年会館において「国際婦人デー講演会」として開催されました。聴衆は、主催者発表では三〇〇〇人、『読売新聞』一九二三年三月九日付けでは五〇〇人、女性はその三分の一とされています。講演者は、「八日会」のメンバーより成り、矢部初子(野島はつ「国際婦人デーの意義について」)、(以下括弧内本・別名、演題)、金子ひろ子(佐々木はる「婦人職業生活の可否」)、三宅秀子(田島ひで「無産婦人の叫び」)、港ちえ(丹野セツ「労働婦人の立場」)、武田とし(川上・黒田あい「婦人労働の現勢」）、山川菊栄（「国際婦人デーの意義」）、西たい（「国際婦人運動」）、中曽根貞代（「婦人解放運動の進化」）の八人が予定されていました。午後七時開会、四〇分で解散。黒流会赤化防止団（国粋会員の説もあり）の妨害で混乱となり、増田錦町警察署長が解散させたということです。この辺の一次資料は最近復刻編集版[9]に収録されており参照が容易になりました。

当時のさまざまな報道や論稿から察すると日本での国際女性デーは、最初から時代的制約と日本的特徴をもったものであったといえます。まず時期的に、第一次世界大戦前の国際女性デーを知らなかったということです。日本の女性運動は第二インタナショナルシュツットガルト大会（一九〇七年）とは福田英子の『世界婦人』を通じて接点をもちましたが、肝心の一九一〇年のコペンハーゲン大会を伝える記事は見つかりません。第二に、日本の女性運動は、コンガー・カネコ（夫は第二章でみたように金子喜一でしたが）らのアメリカ社会党の女性運動と接点を持ってはいませんでした。そのため、ヨーロッパとアメリカを繋ぐ壮大なこの日の背景を知らなかったのです[10]。

国際女性デーはロシア革命とその後のロシア飢饉救援運動とともに、さらにコミンテルン支部である日本共産党の設立と時期と前後して日本に入ってきましたから、女性デーの前史の理解は、この時点では無理だったのかもしれません。前史への理解が広まっていくのは、第二次世界大戦のあとといってよいでしょう。

ここで、再び、日本の女性デーとコミンテルンの関係に戻って確認しておきたいと思います。一九二三年二月六日付のドイツ語版『インプレコル』は、E・ラリーという署名で「東洋の三月八日」という一文をのせています。ここでは、すでに一九二二年の三月八日に、近東のすべてのソビエト共和国で女性デーがおこなわれたことを報じ、それらの国での今年の課題などをのべたあとで、極東の女性デーについても次のようにふれています。

日本で最初の国際女性デー、1923年3月8日。

われわれは、今年の国際女性デーは、近東のソビエト共和国で催されるだけでないことを希望している。トルコや極東の朝鮮、中国、日本の共産主義的女性組織は、これまでの弱点にもかかわらず、「帝国主義的資本主義に反対するたたかい」と「労働者の、帝国主義の敵との統一戦線」のスローガンのもとに、祖国の自由のために英雄的にたたかっている朝鮮の女性革命家と同じく、紡績工場や繊維工場でひどく搾取されている不幸な中国の女性労働者もまた集会に成功するだろうと信じている。日本においてはついに、大土地所有者の田地であくせく働かなければならなかった女性労働者や日雇女性が、若い知識人女性共産主義者のグループの助けをかりて、三月八日に、彼女たちがすでに長年来歩んできた革命的階級闘争の道のりに一つの新しい境界線をひくだろう（*Inprekor,* 1923, Nr. 27, 26. Feb.）。

このE・ラリーの一文によって、一九二三年の日本の女性デーが事前にコミンテルンに報告され、他の極東諸国と並んで、女性デーの開催が期待をもって見守られていたことがわかります。さらに、『共産主義女性インタナショナル』一九二三年四月号は、各国の女性デーの開催状況を報じていますが、その中にE・ラリーの「東洋における国際共産主義女性デー」と題する一文があるのです。文中の、日本にかんする部分を抜き出してみると次のとおりです。

労働運動がますます発展している日本では、今年、国際女性デーを公然と開催する努力がなされた。しかしながら警察は、集会を解散させた。なぜなら、日本政府は、ひどく搾取されている女性労働者の目覚めは、金持や、彼らの帝国主義的国家にとって危険をもたらすことをよく知っていたからである。日本の女性労働者は、ストライキに積極的に参加し、いつも多数が労働組合に加入した。資本家が所有している工場のそばの部屋につめこまれて住んでいるのが常である東京の織物工場や紡績工場の女性労働者は、三月八日に「住家」をはなれて集会に参加することができなかった。すなわち、工場当局は門を閉鎖し、工場の周囲に警官を配置した。三月八日の東京における婦人の集会は日本の社会主義的婦人団体の指導者、同志金子が、日本の女性労働者の労働条件とソビエト・ロシアの婦人の状態について論じはじめるやただちに、警官によって解散させられた。警察は大衆逮捕にとりかかった。日本の他の場所でも同じような状態であった。二、三の都市において、女性労働者は、三月九日に集会を延期して警官の監視を欺くことに成功した。日本の働く女性は、搾取されている階級の力によって、元気を失わされることはなかった。国際女性デーによせる日本女性の社会主義団体の宣言が、そのことを証明している。ここにこの宣言の断片がある。

「姉妹たち！　わたしたちの前には、ぜひとも答えなければならない一つの問題がある。わたしたちに、もっとも不快な屈辱を強いることによって、わたしたちを抑圧しているものは誰か？　なまけ者が肥えているのに働くものが飢えなければならない理由は何か？　どうしてわたしたちは、わたしたちの生活を維持するためにはたらいていても憎まれたり、家畜のようにあつかわれたりするのか？

姉妹たちよ、そのことを考え、この問いに答えを見出そう。わたしたちは、労働の領域で、過去の農業革命の中で女性がどんな役割をはたしてきたかを忘れてはならない。彼女たちは、彼女たちの労働諸条件の改良のためにたたかってきた。そしてわたしたちは、このたたかいを継承しなければならない。人々は、女性の義務は他の場にあるとわたしたちに云う。わたしたちが飢えているというのに、そのことがわたしたちに何の関係があるというのか？　慈善行為や気晴らしは、金持ちの家族の娘たちにとっては意味のあることである。わたしたちにかんしては、婦人たちが目下、そのもとで働かされている諸条件を破壊することが、わたしたちの義務である」

（*K. F–I*, Apr. 1923, pp. 30–31）。

階級闘争が、日本の女性労働者をもとらえはじめ、たたかう世界プロレタリアートの隊列に編入しはじめたでは、その後はどう展開したでしょうか。

一九二五年は政治研究会主催で開催（川口他　1980, pp. 213–215）。一九二六年は清水市で開催、岡山の農村女性へと広がりをみせました（川口他　1980, pp. 215–219）。

一九二六年『インプレコル』誌にのせた、コスパロワの「東洋での三月八日」と題する論説は、東洋、特に日本と中国の情勢と女性デーの課題についてのべています。その中で、一九二六年の日本の女性デーについて「もし、さしせまっている三月八日のカンパニアが、日本において成功的経過をたどるなら、それは日本の共産主義者のイデオロギー的影響を広め、いっそう幅広い活動のための組織的地盤をつくり出すことはうたがう余地がない」として、日本の女性デーに次の三つの具体的目標を指示しました。その目標とは、「①労働者階級、農民層の組織ならびに労働組合のための新しい会員を獲得すること。政治的労働組合組織の中で婦人部や委員会による教育をすること、②女性の階級意識を高め、全労働者階級との団結の精神で彼女たちを教育するための女性労働者サークルを組織すること（そのサークルにはたくさんの労働者が働いている大経営の中につくられねばならない）③特別の女性新聞発行を準備することに宣伝活動が利用されねばならない」ということであり、特に③の目標について、「この最後の問題は、すでに長いあいだ、日本労働組合評議会の中央委員会によって検討されてきている。そして、この新聞の第一号が、三月八日に出版されることが予定されている。女性労働者の職業上、政治上の利益を援助するために、新聞が大きな役割を演じ、婦人労働者のあいだに出版物によって指導される宣伝を強めることになろう」と説明しています。

一九二七年は、関東婦人同盟準備会主催、一九二八年は関東婦人同盟と無産者団体協議会と共同で開催しましたが、二〇人の検束者を出しました。一九三〇年には日本大衆党系の無産婦人同盟も開催し弾圧されました。関東消費組合連盟（関消連）では、一九三一年、二ヶ所で集会をもちました。一九三二年は日本共産党が「国際婦人デーの闘争方針」を出し、その影響下にある日本労働組合全国協議会では、各組合でビラを発行宣伝しました。日本プロレタリア文化連盟は、出版部から雑誌『働く婦人』を発刊し、記念の夕べの催しを女性デーを記念して築地小劇場で集会をもちました。一九三三年以降、国際女性デーにちなむ活動、非合法の小集会の他、敗戦に到るまで表だった集会はもたれませんでした。

3　戦後の女性デーと山川菊栄

一九四五年八月一五日、日本はポツダム宣言を受諾し、無条件降伏しました。これより、一九五二年四月二八日にサンフランシスコ講和条約・日米安全保障条約が発効（調印は前年九月）するまで、日本は占領制度のもとにおかれました。ポツダム宣言にもとづく対日管理は、連合国の極東委員会の決定で連合国軍最高指令官が実施しました。しかし、連合国の主力がアメリカ合衆国でしたので、実際はアメリカ政府と東京におかれた連合国軍総司令部（ＧＨＱ）が占領政策の実権を握っていました。戦後の国際女性デーの復興はその最中に行われています。

敗戦の翌年、一九四六年は、まだ国際女性デーは開催されませんでした。しかし、三月六日付け日本共産党機関紙『アカハタ』には、槇ゆうが、「三月八日は国際婦人デーである」という書き出しの論稿を書いています。一九四六年三月一六日には、ＧＨＱも支持して婦人民主クラブ（発起人は、赤松常子、加藤シズエ、佐多稲子、羽仁説子、松岡洋子、宮本百合子、山本杉ら）が結成されました。また、この年四月一〇日には総選挙があり、日本の女性ははじめて女性選挙権を行使したのです。八月には、産別会議[11]と総同盟[12]が結成されました。

本章の冒頭で挙げたとおり鈴木裕子さんも、「戦後最初の婦人デーは、四七年三月九日女性を守る会が提唱し、人民広場（皇居前広場）で開催」と書いています。「女性を守る会」とは何でしょうか。川口和子さんの説明によれば（川口他 1980, p. 272）一九四六年一一月一五日の夕刻、東京池袋近くを通行中の日映演労組所属の女性従業員二名が、アメリカ占領軍の憲兵と日本の警察により検束され、売春をしていたという想定のもとに、吉原病

戦後最初の国際女性デー、1947年3月8日。

院で強制的に検診をうけされられたという事件が起こりました。日映演労組は職場集会を開いてこの問題をとりあげ、警察への抗議行動をおこし、国会の問題にもなりました。一九四七年二月一五日、労組婦人部、婦人民主クラブ、共産党、社会党の各婦人代議士など二〇〇〇余名が集まって抗議集会を開催しその参加団体が中心になって「女性を守る会」が結成されたとのことです。

この会が、戦後第一回の国際女性デーの主催団体となったのです。その背後には、産別会議が大きな役割を果たしています。産別会議機関紙『労働戦線』一九四七年二月二五日付けに、婦人対策部長谷口みどりの「国際婦人デー」のなかに「産別では『女性を守る会』に提案し三月八日の国際婦人デー大会を開き真の女性解放へ全日本の婦人の力を結集して闘うことになっています」とあるのです。このとき一〇〇〇〇名の集まりがありました。しかし、一九四七年三月といえば、二・一スト(13)がマッカーサーによって禁止され、日本国民は占領軍の本質を知った直後であることをあわせて忘れるわけにはいかないでしょう。

また、国民の祝日制定をめぐって「婦人の日」を設けたいという機運がたかまっていました。占領下の戦後はじめての社会党内閣（片山首相）のもとで、ＧＨＱ民間情報教育局女性情報担当エセル・ウィード中尉の働きで設立された労働省婦人少年局初代局長であった山川菊栄は、一九四六年日本の女性がはじめて選挙権を行使した四月一〇日を支持していました。一九四七年七月二〇日に交付された「国民の祝祭日に関する法律」に「婦人の日」は入りませんでしたが、四月一〇日が「婦人の日」とされました。

一九四八年、戦後第二回目の女性デーは、日本民主婦人協議会準備会(14)の主催により三月八日に開催され、五〇〇〇名の参加を得ました。この会は三月二七日付けの資料で、同年の国際女性デー大会の決議として、「三月八日の国際婦人デーを祝祭日にせよ。大会参加者五千名の声を無視して四月一〇日を祝祭日にすると婦人局が一方的に言っている。これに対して各参加団体が『三月八日の国際婦人デーを祝祭日にせよ』という署名運動を行って国会へ請願することとなった。何故三月八日を婦人の日とするか。四月一〇日は単に参政権を上から与えられた日である。法律の上では婦人の自由は認められたが、実際には未だ封建的な桎梏の中にある。婦人はこれから幾つも闘い取って行かねば婦人の解放は実現しない。アメリカから起こった国際婦人デーは自分の力で婦人解放を闘いとるのである。日本の立遅れを示す四月一〇日説を排して世界につながる三月八日を婦人の日とすることが日本の婦人を成長させるものである」というくだりがあります。

この年以降、三月八日は、国際女性デー、四月一〇日は婦人の日と二つの集会がもたれることとなったのです。三月八日は、国際女性デー、四月一〇日は婦人の日という図式は、二・一スト禁止以降、強まりつつあった占領軍と政府（GO）の、時のNGOである女性運動に対する分裂と弱体化を狙ったものだったと考えられるでしょう。

一九四九年の三月八日も民婦協の主催で一万五千人を日比谷小音楽堂前広場に集めました。この日、戦後の日本の女性国体の組織化にあたっていた前述のウィード中尉は「国際婦人デーは共産党の提唱する一方的行事で、思慮ある婦人はこれに参加すべきではない」との談話を発表したとのことです。これに呼応するように、労働省婦人少年局長であった山川菊栄は、「日本共産党およびその派の団体は……三月八日は一九〇八年アメリカの婦人運動から起こったものだと、新発明の起源を宣伝し始めました。が今まで知られた限りではこういう史実はなく、一般にロシアの革命と国際共産党の記念日として、各国党員の間に守られているだけなのです。……この事実をかくして、アメリカ製のレッテルをはってうりだす苦心は、なかみは似ても似つかぬ内地製のウイスキーにアメリカのレッテルやあきびんを使うヤミ商人の苦心そのままではありませんか」（『前進』1949. 4.『山川菊栄集』第七巻　p. 101）といっています。

またその翌年、一九五〇年三月四日、労働省婦人少年局長山川菊栄は、政府の見解として、「国際婦人デーは一般的な国際祝日ではなく共産党だけの国際記念日です。昨年総司令部のミス・ウィードは、国際婦人デーがアメリカの婦人運動とは全く無関係なことを指摘され、まちがった宣伝にまどわされないよう警告されました。何をやるにもまずその意義を知って自主的に動きたいものです」（『読売新聞』1950. 3. 4）と発言しています。

この部分をどう書くか、本書にとりかかる時から気になっていました。そして本章に入ってから、ここはむしろクイズで解き明かすのがよいのではないかと思うに到りました。やってみましょう。以下のどれが当たっているでしょうか。

一、山川菊栄は国際女性デーの起源がアメリカの女性運動と関係があることを本当に知らなかった。
二、山川菊栄は国際女性デーの起源がアメリカの女性運動と関係があることを本当は知っていたが知らないことにした。
三、山川菊栄が国際女性デーは共産党の祝日だと言ったことは正しかった。
四、山川菊栄が国際女性デーは共産党の祝日だと言ったことは間違いだった。

わたくしは、一が正しいとは思いません。菊栄ほどの人が知らないはずはありません。その推測は次の二点からです。まず、ドイツのアウグスト・ベーベルの『女性と社会主義』をアメリカのメタ・シュテルンの英訳から日本語に一九二三年に重訳しているという事実から、メタ・シュテルンが関わったアメリカ社会党の女性運動を知る機会があったのではないかという点です。つぎに、菊栄は、ドイツのクララ・ツェトキンの論稿を同じ一九二三年に翻訳していますから、クララが国際女性デーをどのように立ち上げたかについて全く知識がなかったと思えないという事です[15]。

だとすると二が正しいことになります。ではどうして、菊栄は、知っているのに知らないことにしたのでしょうか。この時、菊栄は、前述のとおり占領下の戦後はじめての社会党内閣（片山首相）のもとで、初代労働省婦人少年局長でした。アメリカ人であるエセル・ウィード本人がアメリカの女性運動と女性デーとの関係を否定したのです。しかもウィードは友人のアメリカ女性史家Ｍ・ビアードと書簡を通して助言を得ていたのです（上村1991）。一九四九年一〇月に中華人民共和国が成立し、一九五〇年六月にはアメリカは朝鮮戦争を起こしています。こうしたなかで、ＧＨＱが、日本に対して反共政策・レッドパージを展開しているただ中でした。

では、三と四はどうでしょうか。本書を読んでいただいた方には判断をゆだねますが、共産党と聞けば多くの人はしり込みしたことでしょう。特に一九五〇年は、コミンフォルム[16]からの批判その他で、日本共産党が分裂の渦の中にありましたから、「共産党の祝日」ということには致命的な悪印象をもった人もいたことでしょう。

どうしてこういう発言を残してしまったのでしょうか。多分、菊栄は、占領下のGO側にあって自由にものをいうことができなかったのだとしか思いようがありません。ウィードの思惑も同じだったのではないでしょうか（上村 1991）。この時菊栄は六〇歳。一九二三年の女性デーの時は三三歳でした。一九五〇年はまた、国際女性デーの誕生から四〇年でもありました。その一〇年後、一九六〇年の五〇周年のときは、菊栄は、記念の国際女性デーの東京文京公会堂の壇上に、市川房枝、野坂りょうと並んでいたのです（川口他 1980, pp. 319–320）。

4　五〇年を経て二一世紀の国際女性デーへ

一九五〇年から五〇年間が過ぎ去りました。この間、日本の女性運動はたくさんの経験をつみました。わたくしは今この半世紀を大急ぎで跳ばして二一世紀へ駆け抜けようとしています。一九五〇年代、最初の二年は朝鮮戦争と占領下で集会は制約されたままであり、国際女性デーはアカ攻撃にさらされていました。一九五二年のサンフランシスコ条約の発効で独立をはたしてからも低迷が続きました。一九五三年には、日本婦人団体連合会が民婦協を吸収して発足し、一九五七年に国際民婦連に加入しています。そのほか、一九五〇年代には日本の国際女性デーと関連していくつかの特筆すべきことがあります。ひとつは、一九五四年に、国際女性デーを準備するさまざまな団体が、三月八日から四月一〇日の「婦人の日」をつないで婦人週間の終わりの四月一六日までを婦人月間とすることを正式に決めた[17]ことです。「三・八」女性デー派は、「四・一〇」婦人の日派と、この期間、対立し続けている余裕はなかったのです。ふたつは、女性デーが活気をとりもどした一九五九年、婦人月間実行委員会は、年間をとおして実行委員会をおくこととしたことです。以降五年間、国際婦人デー中央集会、働く婦人の中央集会がこの実行委員会によって開催されることになりました。

またこの期間には日本の女性運動は国際民主婦人連盟との交流という新しい動向がみられるようになりました。一九六〇年代は、先にふれた国際女性デー五〇周年にはじまり（一九六〇年、沖縄の那覇市でも開催）、軍縮と新日米安保条約の批准阻止でもりあがっていきました。一九六四年から国際女性年の一九七五年まで、ベトナム戦争が続いていました。しかし、この期間は、分裂の時期でもありました。国際的には中ソ対立、国内的には社共の対立が顕著となっていきます。一九六三年末、婦人月間実行委員会の解消、一九六四年原水禁運動の分裂、働く婦人の中央集会の分裂の中で、独自の実行委員会による東京の国際婦人デーの開催はまだ統一を保って超党派で行われていました。この期間日本の国際女性デーは、ベトナム反戦、ベトナム女性との連帯のスローガンが続きました。一九六〇年代の終わりは、安保条約廃棄・沖縄返還がスローガンとなります。

一九七〇年代は、安保条約の自動延長廃棄の運動に始まりました。しかし、七〇年、戦後の国際女性デーの開催に大きな役割をはたした婦人民主クラブは「分裂」(18)しました。このような中でも国際女性デーという河は流れていきます。一九七〇年代初頭には、アメリカの影響を強くうけながらも、日本的性格をもつウーマン・リヴの運動が登場しました。これらの運動は、それ以前の日本の女性運動を「労組に代表されるピラミッド型の組織、政党イデオロギーによる支配」と一蹴して「女性解放運動は、一九七〇年代に始まった」というものもいるのです。でもこうしたことばで切り捨ててしまうには、あまりに多くのエネルギーが従来からの女性運動に蓄積されているといえないでしょうか。ある基準からみてあてはまらなくとも女性運動は女性運動としてまちがいなく存在していたのです。そして気がつかないところでその恩恵をこうむっているのです。ところで、一九七三年は日本で最初の女性デーから五〇年、婦人月間も第二〇回を祝い、一九七四年は、約五〇団体による実行委員会の主催で、東京の中央集会は一万人を集めています。

一九七五年以降の日本の女性運動は、国際女性年の影響を受けて大きく変化しました。

わたくしは、その辺のことを「国際婦人年日本大会の決議を実現するための連絡会」構成四八団体に調査を実施し、変化する女性運動の実態を捉えたことがあります（伊藤 1984b）。

「連絡会」には、日本婦人団体連合会も、婦人民主クラブも婦人民主クラブ（再建）も、女性運動のNGOとして参加しています。女性運動は、このときから国連の承認を得たNGOとしてGOのパートナーシップに位置づけられなければ発言権も得られなくなってきました。一九九五年の北京会議以降は、コーカス活動やロビー活動が国際的な場で大きな役割を果たすようになって「北京JAC[19]」が生まれ（伊藤 1996）、二〇〇〇年のニューヨーク会議以降は「JAWW[20]」が、国連のスタンダードの監視活動を続けています。

こうした流れと、一九七七年以降の国連の女性デーの流れが並行していました。一九九三年から、婦人民主クラブの女性たちが「おんなたちの祭り」に独自にとりくむようになり、二〇〇二年になってはじめて、国内の国連組織がこの日を記念するようになりました。

二〇〇二年三月八日、東京都の渋谷にある国連ハウス内七国際機関（国連大学、国際労働機関東京支局、国連児童基金駐日事務所、国連開発計画東京事務所、国連高等難民弁務官日本・韓国地域事務所、国連広報センター、国連プロジェクト・サービス機関東京事務所）は、二〇〇二年三月八日、国際女性デーにちなみ「女性はいま、そして未来へ向かって・アフガニスタンの女性たち」をテーマに公開フォーラムを開きました。同フォーラムは、アフガニスタンの女性が直面する問題に焦点を当て、社会復興と人権保障を実現するための女性の役割について考えようというもので、基調講演は「社会の再建における女性の役割」をテーマに有馬真喜子（当時、財・横浜市女性協会理事）さんが話し、パネルディスカッションでは、有馬さん、川崎けい子（写真家）、長有紀枝（難民を助ける会事務局長）、高橋一生（国際基督教大客員教授）さんらが話し合いました。

フォーラム開会に先立ち、コフィ・アナン国連事務総長の「女性の権利の達成は、女性だけの責任でなく、わたくしたち全員の責任であることを忘れてはいけない」というメッセージが紹介されています（『女性ニューズ』、二〇〇二年三月二〇日付け記事参照）。

この日東京では、「国際婦人デー中央大会」が、「日本を米国の戦争に動員する有事法制に反対」をスローガンに、「国際婦人デー中央大会実行委員会」と「女性の憲法年連絡会」の主催で開催され、また三月一〇日には一九九三年から始まった、国際女性デー実行委員会主催の「おんなたちの祭り」が、東京ウィメンズプラザで開催され、本書冒頭でふれた「武器よりごはん　武器よりしごと　武器より歌を！」をキャッチフレーズに終日催しをもちました。三月八日に、国際女性デーを記念して、反差別国連運動日本委員会（ＩＭＡＤＲ―ＪＣ）複合差別プロジェクトの呼び掛けによる、「マイノリティ女性の戦略会議」が開かれています。ここでは、被差別部落出身者、アイヌ民族、障害を持つ人、在日朝鮮人、在日外国人、沖縄出身者など、マイノリティに属する女性の問題がとりあげられています。

二〇〇三年の国際女性デーは、アメリカのイラク攻撃の前夜ともいうべき情勢のもとにありました。国際女性デー前日三月七日に開かれたイラク問題をめぐる国連安全保障理事会外相級公式会合で、国連査察団が、査察の前進を指摘し、査察の数ヶ月継続の必要を強調したのに対し、英米、スペイン三国は、武装解除の最終期限を三月一七日に限った新決議の修正案を提出するという最後通告に出たからです。翌日三月八日は、日本では「ワールド・ピース・ナウ3・8」が女性デーとは別に日本全国三六都市で一七〇の市民団体が賛同して取り組みました。東京日比谷公園には四万人以上が集い、銀座までパレードしました。「国際婦人デー中央大会」が九段会館で、「国際女性デーおんなたちの祭り」は東京ウィメンズプラザで、イラク攻撃反対の集会をもち、世界六一都市で、「NO WAR」の国際女性デーが盛り上がりました。ワシントンD・Cでは国際女性デーに、反イラク開戦の一万人女性デモがもたれ、日本では『カラーパープル』でよく知られている、ピュリッツア賞受賞者のアリス・ウォーカーも一時逮捕されるという一コマがありました。「ワシントン・ポスト」二〇〇三年三月九日付けはこの時の模様を報道しています。

前年第一回フォーラムを開催した日本の国連ハウスでは、三月六日に「女性のエンパワーエント―ミレニアム開発目標の達成にむけて」というテーマで、FAO、ILO、OCHA（国連人道問題調整事務所）、UNDP、UNEP IETC（国連環境計画国際環境技術センター）、UNEPA（国連人口基金）、UNHABITAT（国連人間居住計画）、UNIC（国連広報センター）、UNICEF、UNIDO、UNU（国連大学）、UNV、WB、WFP（世界食糧計画）という錚々たる国連機関が第二回フォーラムを共同開催（内閣府、外務省後援）しました。同日発表されたコフィ・アナンのメッセージが紹介され、川口順子外務大臣のメッセージの代読のあと、赤松良子元文部大臣の「女性のエンパワーメント」と題する基調講演がありました。そのあとパネル・ディスカッションがありましたが、ここでは、イラク戦争が語られることはありませんでした。二〇〇三年三月のような情勢下では、せっかく日本で始められた国連女性の日の行事も、他団体や世界の情勢と乖離してしまうことが示されたというべきでしょう。

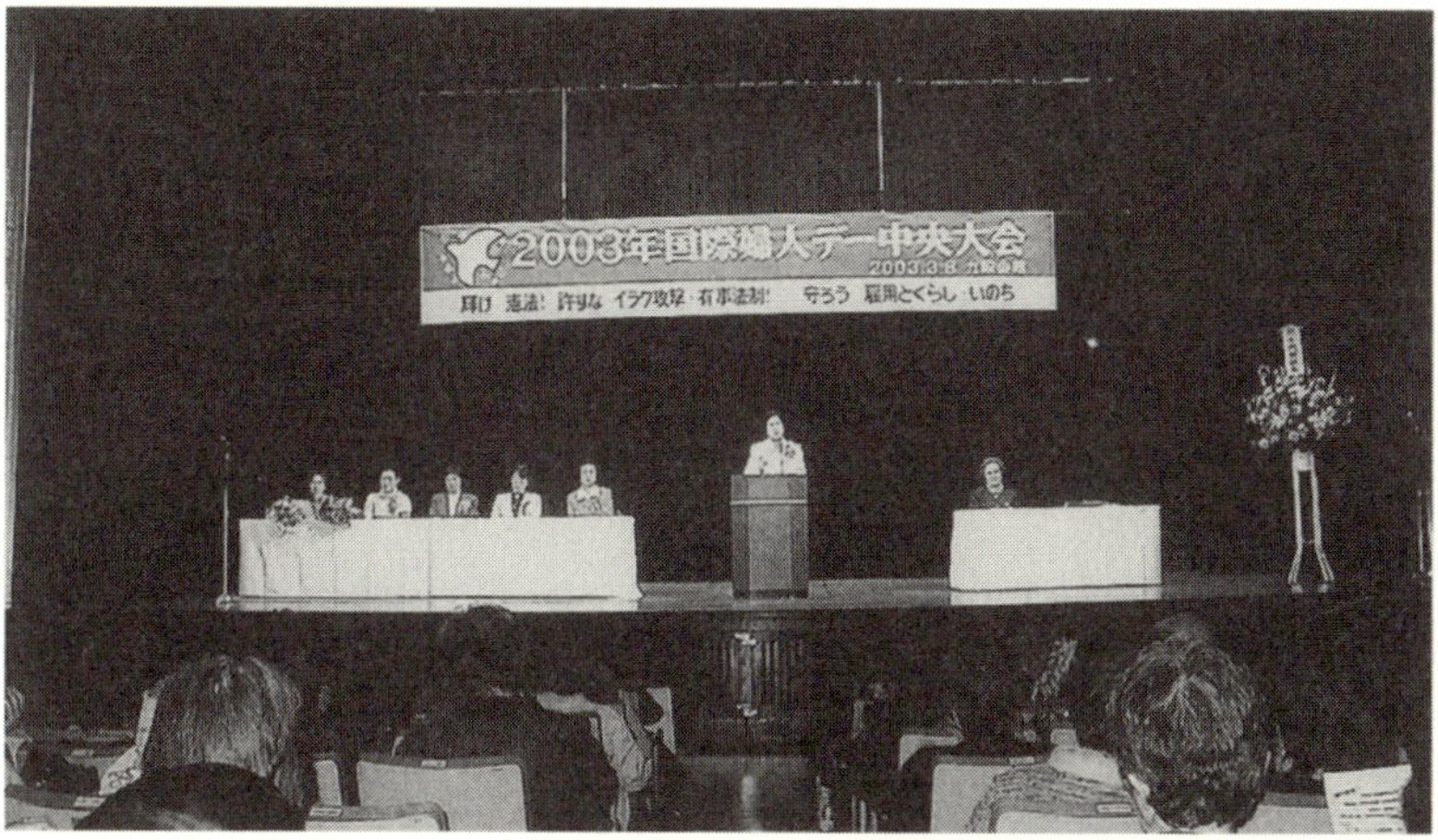

上：2003年3月8日国際婦人デー中央大会（東京九段会館）
中：2003年3月8日おんなたちの祭り（東京ウィメンズプラザ）
下：2003年3月9日 Women in Black [21] 東京（東京新宿）

以上、日本の国際女性デーの歴史的エポックは、一九二三年の第一回、戦後一九四七年の復活そして、国内の国連組織がとりくんだ二〇〇二年ということになるでしょう。国連組織が日本の女性デーに加わって、世紀を越えた日本の国際女性デーも多様化の時代を迎えたのです。

国際女性デーという河は、何もかも受け入れるガンジス河のようなものだとは思いませんか。地球上どれだけの女性が今、国際女性デーに関わっているはかりしれないものがあります。こうして国際女性デーは大河となって歴史の中を流れ続けるのです。それは何にむかって流れていくのでしょうか。本書もいよいよ終わりに近づきました。

注

(1) 一九七五年までの日本の女性デーについては、川口他（1980）の第二篇、第三篇が詳しい。

(2) 鈴木裕子は、『岩波女性学事典』（井上ら編 2002）で、関連する「山川菊栄」「社会主義運動と女性」「社会主義女性解放論」を担当している。しかし、「社会主義……」については、日本史に限定されているので、第二・第三インターナショナルの動きとの関わりでは書かれていない。

(3) 一九二三年が日本の最初の国際女性デー開催の日であるということについて今日では当然のこととされているが一九六〇年代の日本の文献では一九二二年説が多かった。これも、国際女性デーの日本版伝説の一つである（川口他、1980, pp. 190–192. 参照）。

(4) 山川菊栄と最初の国際女性デーとのかかわりについての叙述は川口他（1980, pp. 205–209）が参考になる。

(5)　一九二二年、菊栄は、国際女性デーについて、「……第三インタナショナルは婦人の宣伝を極めて重視し、各国共産党に対して、婦人部と婦人機関誌の特設を規定している。そして三月八日（西欧諸国においては四月八日）をもって国際婦人デーに宛て、全世界の無産婦人が一致して階級的意識を呼び覚ます機会とした」（山川 1922, p. 212）と書いている。

(6)　しかし、田中寿美子によれば、一九二三年は、菊栄が、「コミンテルン直系の共産党指導者達としだいに離れ」ていく時期だった（『山川菊栄集』第四巻、p. 296）。

(7)　一九二三年の開催は、その前年、一九二二年七月一五日コミンテルンへの加盟を決議した日本共産党の設立、同年一一月にひらかれたコミンテルン第四回大会でそれが承認され、コミンテルン日本支部が成立したことともかかわっているかもしれない。第四章でみたように、当時はコミンテルンが国際女性デーのアジアへの広がりを目指していたから、日本にその支部ができれば当然国際女性デーの実施を期待し、日本支部はそれに応えなければならなかっただろう。後述コミンテルン側の資料からそのことが推測される。

(8)　プロレタリア文学・文化運動成立期の雑誌。『種蒔く人』は、小牧近江が、第一次世界大戦中パリで反戦平和の国際連帯をめざすアンリ・バルビュスらのクラルテ運動に参加し、日本にもこれをひろめる目的で帰国後旧友らと創刊した。一九二一年二月から二三年八月まで。

(9)　『日本女性運動資料集成』第一巻　思想・政治Ⅰ　不二出版、一九九六年、五〇五―五一一頁に当時の雑誌、新聞からの記事が載っている。

(10)　しかし、コンガー金子夫妻が国際女性デー決議を採択したコペンハーゲン女性会議にメイ・ウッド・サイモンズらが出席することを報じた『進歩的女性』は、断片的に日本に入ってきていた事実はある。

(11) 全日本産業別労働組合会議（一九四六年八月～五八年二月）の略称。朝鮮戦争と結びついたレッドパージで打撃をうけた。

(12) 日本労働総同盟の略称。戦前の友愛会の後身。戦中は戦争協力。戦後は、産別会議に対抗。

(13) 一九四七年二月一日に予定されていた国鉄・全逓などの官公庁労働者二六〇万人を中心に民間産業労働者も参加した六〇〇万人のゼネスト計画。

(14) この会は、一八四八年一月発足。初代会長松岡洋子。四月に正式に日本民主婦人協議会となり、四九年一一月、国際民主婦人連盟に加盟。

(15) しかし、山川菊栄については、菊栄とイギリスの関係の研究（今井 1998, 2001）はあっても、アメリカとの関係、ドイツとの関係の研究は見られない。

(16) 一九四七年九月から一九五六年まで存在したヨーロッパ九カ国の共産党・労働者党情報局。ソ連共産党を中心とする国際的指導機関としての性格をもち、これに加盟していない日本共産党にたいしても批判や干渉を行った。

(17) 一九五二年には、三月三日のひな祭りから八日の女性デー、一〇日の空襲記念日、四月一〇日の婦人の日を婦人月間として「はたらく女性の文化祭」（『新女性』1952. 4）と呼んでいた。

(18) 一九七〇年六月の第二四回大会で分裂し、以後「婦人民主クラブ」（後、「ふぇみん婦人民主クラブ」）と「婦人民主クラブ（再建）」と二つの流れとなる。国際女性デーとのかかわりでは、前者は、一九九三年以降の「国際女性デー実行委員会主催の女たちの祭り」に、後者は、分裂以前からの「国際婦人デー中央大会」を推進している。

(19) 一九九五年北京世界女性会議後に出来た女性監視機構（「ジャパン・アカウンタビリティ・コーカス」の略）。

(20) 二〇〇〇年ニューヨーク女性会議後に出来た「日本女性監視機構」（「ジャパン・ウィメンズ・ウォッチ」の略）。

(21)　一九八八年にイスラエルで始まり世界各地に広まっている、黒衣をまとった女性たちによる非暴力反戦行動。Women in Black 東京のホーム・ページ（http://home.interlink.or.jp/~reflect/WIBTokyo/home.html）で世界のWIBの情報を得ることができる。

エピローグ

＊ 新しい女性運動の中での女性デー

ふりかえれば、国際女性デーは、二〇世紀初頭から一〇年はアメリカ社会党の女性選挙権獲得運動に端を発し、一九一〇年代にヨーロッパの社会主義女性運動と合流し、その後歴史の清流・濁流・激流（第二インターナショナルの第一次世界大戦による崩壊、ロシア革命、第三インターナショナルの創設とその各国支部、ソ連共産党の支配とスターリン主義国の弊害、ファシズムと第二次世界大戦）のなかを蛇行しながら通り抜けました。

戦後、一方では旧植民地から独立した国々の困難、他方では東西対立と冷戦の緊張と平行して、国連がグローバル・スタンダードともいうべき人権や平等思想を広めていくようになります。一九六〇年代からニュー・フェミニズム（あるいは第二波フェミニズム）が台頭し、新しい視点で女性の問題が捉えられるようになりました。女性学・各種フェミニズムの潮流は、一九八〇年代からあらゆるものにジェンダーの視点を行き渡らせる（ジェンダー・メインストリーミング）というジェンダー・パラダイムを提起します。

一九七五年、国連の国際女性年以降の四半世紀の半ばから、ソ連・東欧の社会主義の崩壊、移行国の困難がはじまりました。これは、女性学、ニュー・フェミニズムからジェンダー視点への展開と機を一つにして進んできました。

一九七七年、対立や矛盾をきたしていたとはいえ、まだ力の強かった社会主義諸国と、「G77」（ジー・セブン・セブン）など中立国は、国連の人権の拡大や平和の問題と結びつけて、結果的に従来の国際女性デーを甦らせ、新しい意味をもたせました。世界にメッセージを送る人は、第二インタナショナルを代表するベーベル、ツェトキン、初期第三インタナショナルを代表したレーニンから、思想も歴史も文化も宗教も政治的信条も、地球的規模で調整する機関ともいうべき国連事務総長に代わっていたのです。

一九七八年から二〇〇二年までの国連事務総長のメッセージは、グローバリゼーションの中にあって苦しむ世界の、特に開発途上国の女性の問題に目を向けた先進的な意味を含んでいたといってよいでしょう。しかし、本書の脱稿の時期であった二〇〇三年のメッセージは、国連国際女性デーの二つのキーワード「女性の権利」と「世界平和」のうち、後者への言及に欠けていました。イラク攻撃の前夜、世界でこれまでなかった規模での戦争反対の声が上がっているそのときに、とても迫力に欠けるという印象はまぬがれませんでした。このことは一〇〇年近い国際女性デーの、錯綜し、蛇行した流れの中での国連の限界をも暗示するものでしょう。国際女性デーを国連主導の女性運動に解消しきることのできないゆえんです。

たくさんの、バックグラウンドを異にする多様な女性デーがあったほうがいいのです。

＊ 世界に広がる女性デー――インターネットは世界の女性デーを捉える

二一世紀の国際女性デーは、インターネット時代の国際女性デーといっても過言ではありません。ホームページで検索してみましょう。てっとり早く Yahoo! Japan で、「国際女性デー」と入れてみました。たった二件しかヒットしません。では「国際婦人デー」と入れてみましょう。おやおやこれは一一五〇件ヒットしました。次に International Women's Day と英語で入れてみたら一〇五〇件のヒットです。

インターネットで日本を離れ、Yahoo! で、International Women's Day を直撃するとなんと一一九万件ヒットします。一一九万件という数字をみただけでその背後にどれだけ多くの女性たちがいるか見当もつきません。もちろん、見当違いのものもまじっていますし、インターネットなど無縁の世界で国際女性デーととりくんでいる女性も多いのですからこそ数字はただの目安です。しかし、国際女性デーの裾野を想像してみましょう。

次に、キーワードを限定してみることにしましょう。国際女性デーは、歴史的にはアメリカ・ドイツ・ロシアに比重がかかっていました。ですからこれと関係のなさそうな、いっそのことアラブに飛んでみましょう。International Women's Day ＋Arab で検索すると八万二七〇〇件。これに宗教を加えて見ましょう。＋Muslim では七万四千件、+Hindu では二万二五〇〇件ヒットしました。

国別ではどうでしょうか。日本は二八万九千件、今戦争の危機にさらされている国＋Iraq では、六万一千四〇〇件がヒットしました。日本のヒット数が多すぎますが、これは、年を限定していないもので、女性の日に販売する商品のコマーシャルの宣伝まで含まれています。国連（＋UN）では三〇万六千件がヒットしました（なおこの数字の出たアクセス日は二〇〇三年二月一六日です）。

こうしてインターネットで得られる世界の国際女性デーの情報は、日本語と英語だけでも膨大で、もはや一個人の手におえるものではなくなってきてしまいました。毎年・毎年この数は増え続けていくことでしょう。これにさらに、わたくしがみていない各国語のサイトが加わるのです。

＊　いろいろな国際女性デー——神を信じるものも信じないものも

繰り返しますが、国際女性デーは、当初欧米のものでした。それが、ロシア・中近東と広がり、極東をとらえました。国際女性デーは、当初女性社会主義者のものでした。そして最初の数十年、社会主義国と民族独立を達成した開発途上国のものでした。一九七五年に国連がこの日をとらえてからは、一挙に範囲を拡大しました。もっとも、一九八〇年代の終わりまでは、社会主義国に住むひとびとは全地球人口の三分の一には達していましたから、こうした国々では女性デーは伝統的にお祝いの日であったのです。

今インターネットでみると、イスラムの国もヒンドゥの国もみなそれぞれに国際女性デーを祝っています。また、この日を特定の政党の日だとかいう人はいなくなりました。国際女性デーの起源や歴史はさまざまに語られていて、事実と大きくくいちがおうが、年が一年ぐらい史実とずれようが、日が数日異なろうがおかまいなしです。国際女性デーの歴史を語る団体の数ほど、団体に都合よく歴史が書かれていたりします。

そして、思想・心情をこえて、政治的立場も、女性組織の出自をも越えて、女性たちは「女性の権利と世界平和」をかちとろうとして運動しています。第二章でみたように、国連決議は、「各国の歴史的、民族的伝統、および慣習に従って、一年のいずれかの日を女性の権利と国際平和のための国連の日として定めること」(U. N. 1977a, p. 13) と書いてあるのです。どの神を信じようと信じまいと、すべての神をも信じなくても、どの政党に属していようといまいと、支持していようといまいと、どの階級の出身であろうと、それらはもはや関係の無いことです。しかし、ただ「女性の権利と世界平和」の方向を日指しているものが、国際女性デーを主催したり、参加したりするのです。

「女性の権利と世界平和」はすべての女性が共感しうるスローガンだからです。どういう方法でそれを達成するかは今は誰も問いません。国際女性デーは世界の女性の毎年のGOとNGOのフォーラムです。インターネットの数で、あなたは地球のフォーラムをかいま見ることができるのではないでしょうか。

2003年3月8日イラク戦争反対を訴えるエジプト、カイロの女性たち
(「しんぶん赤旗」提供：2003年3月9日国際面)

ただし、女性の権利と世界平和のうち、世界平和が語られなくなったら、それはやはり国際女性デーの名に値しなくなるのです。

＊　国際女性デーはオルタナティヴな世界を求めて大河となる

どういう方法で？　確かに国際女性デーの創始者たちも日本への導入者たちも、社会主義を通してと考えていました。しかし、歴史はそう単純なものではないことを示しました。福祉国家が社会主義のオルタナティヴとも考えられましたが、世界各国で胎頭した新自由主義は小さな政府を主張し、福祉国家は福祉社会へ旋回しました。戦争と難民、貧困の世紀二〇世紀に別れを告げて、人々は新しい希望をもって、二一世紀を迎えました。しかし、ここにあったものは、グローバリゼーション、格差、貧困、憎しみと戦争でした。

地球環境がサスティナブルであること、すべての人々が周辺化されず、普通の生活ができるように、地球規模で文字通り、生活や社会のユニバーサルデザインが描き出せることを女性も男性も望んでいます。二〇〇三年三月、戦火の中で地球を覆うかのような「ノー・ウォー」のデモやパレードの大河は、国際女性デーと重なり合って、新たな歴史の可能性を予感させます。

あとがき

本当はわたくしの計画では国際女性デーの歴史を、その百周年を記念して二〇一〇年に出版したいと考えていました。しかし、情勢がそれを待ってはくれませんでした。わたくしを、この小著の執筆にかりたてた理由はプロローグでおわかりいただけたと思います。二〇〇二年の秋から、週末の仕事の無いときだけわたくしはこの本を書く時間に充てました。そして、二〇〇三年の国際女性デーの情報が出始めたとき、第五章まで書き終えました。その時期は、アメリカのイラク攻撃という危険が地球を覆っているときと機を一つにしていました。またこの期間に、闘うジャーナリスト松井やよりさんの訃報に接しました。日本の働く女性の差別を告発する裁判が次々と勝利の判決を伝える中、二〇〇三年六月～七月開催の第二九会期国連女性差別撤廃委員会（CEDAW）への第五回日本政府報告がまとめられ、NGOから多くの意見が出されました。政府報告は「女性に対するあらゆる差別を取り除き、男女共同参画社会の実現に向けて努力する決意」を表明しています。

二〇〇三年は、あえていえば、日本で国際女性デーがはじめてもたれた一九二三年から数えて八〇周年だということでしょうか。でも八〇歳は今では、女性の平均寿命にも達しない短い年月です。あらためてたった八〇年なのかと思わないでもありません。しかし、本書第五章で日本の八〇年をふりかえっても、歴史の流れに大きな変化があったことに読者のみなさんは驚かされるのではないでしょうか。この八〇年を、戦前・戦後とわけても二〇年と六〇年、「七〇年代日本ではじめて女性運動がはじまった」という考え方からして前後五〇年と三〇年でしかありません。

ではおおざっぱに、アメリカ社会党の女性運動から百年と考えてみましょう。国際的に第一波フェミニズムと第二波フェミニズムとわけてみても六〇年と四〇年、国連の女性運動の開始で区分しても五〇年と三〇年という感じです。しかし、欧米の女性運動は、国際女性デーのはるか前から存在しましたから、わたくしはこの本で、女性運動の一時期の一側面を描いたに過ぎません。

国際女性デーのテーマは、わたくしの研究の余技でもあり、本命でもあります。長い間こだわってきましたが、まだまだ調べたいことがあります。本書を執筆するに当たって、御茶の水書房編集部の橋本育さんが力をかしてくださいました。わたくしは、三月八日はこの一四年、毎年勤務校の卒業式と卒業パーティで、若い学生さんとの別れの儀式の日でしたから、二〇〇三年の国際女性デーには、橋本さんが足で歩いて雰囲気をわたくしに伝えてくれました。深く感謝申し上げます。

二〇〇三年六月二〇日

クララ・ツェトキン没後七〇年の日に

著者

増補版補章

二〇〇四年から一九年への国連および国内の「国際女性デー」の展開

(1) この間の国際女性デーに関連する国内外の変化

旧著では、二〇世紀にはじまった国際女性デーが世紀を超えて二一世紀に入ったところまでを扱いました。その後、日本では、恒例の「国際婦人年中央大会」は、二〇〇五年から「国際女性デー中央大会」と、「婦人」を「女性」に変えました。旧著の冒頭部分に登場した「三・八　おんなたちの祭り実行委員会」の国際女性デーの行事は、二〇〇八年の第一六回を最終として閉じられました。日本では、二〇〇七年から保守政権がゆらぎ、二〇〇九年に民主党政権に代わり、二〇一一年には、国際女性デーの三日後に東日本大震災と福島原発事故が起こり、混乱の中で二〇一二年末にふたたび保守政権に戻りました。それ以後の安倍政権の戦争する国づくりへの急速な展開とそれへの市民運動と野党の抵抗は、ぬきさしならぬ時期にはいっていることは、周知の通りです。

国連の動きでは、二〇〇〇年の国連安保理決議一三二五号「女性・平和・安全保障」、MDGs（国連ミレニアム開発目標：二〇〇一－二〇一五）の終了に続くSDGs（持続的な開発目標：二〇一六－二〇三〇）との関わりも、国際女性デーのとりくみの射程に入ってきます。また、この間、二〇〇五年に、「北京＋一〇」が通り過ぎ、二〇一〇年には、国連が女性関係の機関をUN Womenに統一するということが起こりました。旧著にしばしば登場した国連インストロー（INSTRAW：国際連合国際婦人調査訓練研修所）は、二〇一〇年一〇月二日の国際連合総会決議63/311により、二〇一一年一月から、国際連合婦人開発基金（UNIFEM）、経済社会局女性の地位向上部（DAW）、ジェンダー問題と女性の地位向上に関する事務総長特別顧問室（OSAGI）の四つの女性関連組織を統合して、女性の地位向上を目的として活動する国連の新組織UNウィメン（United Nations Entity for Gender Equality and the Empowerment of Women）になりました。UNウィメンはニューヨークの本部のほか、地域事務所と国別の事務所を置き、事務局長を長とし、四一か国で構成される執行理事会のもとで活動を行っています。初代事務局長はチリ初の女性大統領であったミチェル・バチェレ・ヘリアMichelle Bachelet Jeriaで、二〇一三年からは南アフリカ共和国初の女性副大統領であったプムズィレ・ムランボ・ヌクカPhumzile Mlambo-Ngcukaが第二代事務局長を務めています。これまでの国連事務総長の毎年のメッセージの他に、このUNウィメンの事務局長もステートメントも発表されるようになりました。

また、UNウィメンの活動を支援するため、世界一八か国に独立の非政府組織（国内委員会）があり、日本にも認定NPO法人国連ウィメン日本協会（理事長：有馬真喜子氏）があります。国連は、日本には当初堺市に日本事務所を置きましたが、二〇一三年に閉鎖し、二〇一四年から文京区シビックセンター内にアジア唯一と言われる日本事務所を置いています。

このように、今二一世紀への変わり目から、国際女性デーの一〇〇年（一九一〇年の決議を起点にする場合と、一九一一年のヨーロッパでの最初の催しを起点にする場合がありますが）まで、またそれ以後もさまざまな変化がありました。そうしたことを念頭に置いて、国際女性デーの旧著の叙述の以降の何点かを取り上げておきたいと思います。

（2）国際女性デーは一〇〇年を越えて——その時日本では民主党政権下の国際女性デー（二〇一〇年）

ここで日本の国際女性デー一〇〇年のことを述べたいと思います。この時は、短い民主党政権の時であり、私は、この前年三月末日で定年退職をしたので二〇一〇年三月八日は、実に二十年ぶりで自由な身でした。その日、女性デーのことを書いた私の研究ブログ（http://setsuito.jugem.jp/）の一部を紹介します。

国際女性デー一〇〇周年の三月の行事は八日を頂点に去って行きました。本当は、国際女性デーの決議がコペンハーゲンでの「第二回社会主義者女性会議」で採択されたのは一九一〇年八月末のことであり、決議全文がはじめて Die Gleichheit（『平等』）誌上に載ったのは同年一〇月一〇日でしたから、国際女性デー一〇〇年は、一日の点ではなく、二〇一〇年全体でもあるわけです。

私の自宅研究室には、二〇〇九年の一一月ごろから、国際女性デー関係の仕事が舞い込みだしました。この間、国際女性デー史の、私の住む地域（東京都八王子市多摩丘陵地帯）での連続学習会、講演、インタビュー等が続いて、小さな雑誌上で次の四本が活字になりました。

①「国際女性デー一〇〇年の歩み」『婦人通信』No. 620, 4-8（2010. 2-3）
②「国際女性デー一〇〇年、なお不調和な労働と生活」『労働の科学』Vol. 65, No. 3, 4-7（2010. 3）
③「三・八国際女性デー一〇〇周年　女性たちが切り拓いた反戦・平和・権利獲得の歴史」『女性&労働』No. 180, 10-17（2010. 3）
④「国際女性デー一〇〇年　平和と選挙権を求めた声は大河となって」『女性のひろば』No. 374, 90-99（2010. 4）などです。（中略）

ところで、今年二〇一〇年の国際女性デーの特徴の一つは、日本の政府に、はじめてといってよい動きが見られたことです。戦前の女性デーにも、戦後当初の女性デーにも、その後も、日本政府は、弾圧〜対立〜無関心という歴史でしたし、この日が国連の「国際デー」となる一九七七年の国連総会時は「棄権」の立場をとりました。その後、国連の女性デーとしての月日が重ねられても、政府機関が何をするでもありませんでした。ところが、政権交代の影響が表れていると思いますが、今年は違いました。まず、一つは、内閣府特命大臣（男女共同参画）福島みずほ氏が「国際女性の日に寄せて」というメッセージを、三月五日に、男女共同参画局ホームページに発表したのです（http://www.gender.go.jp/main_contents/minister/message100305.html）。このことを私はジャーナリストの友人Fさんからの電話で知りました。それで、さらにインターネットをあちこち検索していて、「福島みずほの Twitter」で三月八日に福島氏が「今日も予算委員会、そして今日はなんと国際女性の日、百周年。……今日は、国際女性の日で、いろいろなイベントもあり、有意義で、楽しかった。日本はいろいろなことができると思う。海外援助などにももっと女性の視点を。」と書かれていることも知りました。

二つは、やはりインターネットを検索していて、「鳩山首相は、国際女性の日にちなみ、女性記者へミモザの花束をプレゼントした。そのミモザの花言葉は、『豊かな感受性』とされる。」という文章に出くわしました。

三つは、厚生労働省の「女性と仕事の未来館」で「女性デー実行委員会・女性と仕事の未来館共催　女性デー二〇一〇　女性の多様な生き方を見つめ、讃えあう日、明日の元気発見　三月五－六日」という行事が行われたことです（ここは、二〇〇九年にも共催行事をしています）。

国連は今年（二〇一〇）の女性デーのスローガンを、「平等の権利と機会：すべての人のための前進」として Ban Ki-moon 事務総長がメッセージを出しており、日本にある国連広報センターは、それに「北京プラス

＋一五：ジェンダーの平等と開発、そして平和」を付け加えていました。今年二〇一〇年は一九九五年に北京で開催された第四回世界女性会議から一五年目にあたる年（北京プラス＋一五）で、三月一－一二日にニューヨークの国連本部で検討会合が行われているさ中に、三月八日が位置づけられていました。日本では、「国際女性デー」と「北京＋一五」を記念して、三月八日の午後、駐日国連緒機関は東京・大手町の日経ホールで「国際女性デー二〇一〇　国連公開シンポジウム」を共同開催しています。

また、二〇一〇年国際女性デー中央大会実行委員会は、恒例の中央大会を「連帯と共同をひろげ、ジェンダー平等実現へ、まもろう　雇用とくらし、つくろう　核兵器のない平和な世界を、いまこそいかそう　日本国憲法」をスローガンに、九段会館で夜開催し、パレードを行いました。

私の勤務先はずっと三月八日が卒業式と決まっていて、夜まであれこれ多忙でずっと参加できなかったこの集会に、今年（二〇一〇）は参加できたのです。ここでは、女性作曲家、エセル・スマイスが一九一一年女性参政権運動を励ますためにつくった「女性の行進」にのせて「国際女性デー一〇〇年のあゆみ」という新作のＤＶＤが流されました。女性作曲家の掘り起こしの研究を長い間続けられている小林緑国立音楽大学名誉教授の協力によるものでした。

この日をはさんで、国際女性デーの起源・歴史・意義などがメディアでもとりあげられ、インターネット上も多くの情報が飛び交いましたが、この一〇〇年を史実に基づいて報道したメディアはほとんどないといっても過言ではありません。一番多かったのは、「国際女性デーは、一九七五年の国際女性年に、国連が三月八日ときめた」というもので、「それは、一九一〇年の決議から六五年を記念して」と付け加えているものもありました。一〇〇周年を認識しているものとそうでないもの、またまた新しい国際女性デー伝説が作られているようです。

しかし、上記DVDは、国際的歴史の部分は私の研究にも依拠して下さっており、他の大方の叙述より正確に史実を反映したナレーションとなっています。長い間研究者として発言してきても、なかなかその成果は世にひろまらないものです。たかだか三五年前の、国連の一九七五年と一九七七年さえ混同されるのですから、一〇〇年前のアメリカ社会党や、第二インターナショナル、アウグスト・ベーベルやクラーラ・ツェトキーンが国際女性デーにかけた思い、一九一七年三月八日のペトログラードのことなどは、忘れ去られても仕方がないというのでしょうか。二〇一〇年にしてこのありさまですから、今後日本の国際女性デーにどんな、新伝説がほりかえされたり創作されたりしかねません。マスコミ・メディア、影響力のある機関や責任ある人々の発言は、すでに研究されて明らかになっている事実に即して行ってもらいたいものです。

長い引用で恐縮でしたが、これが、日本の国際女性デー一〇〇年の節目での私の記録と感想でした。

(3) その後の国際女性デーは――国連・世界と日本

UNウィメンは、二〇一四年時点で「国際女性の日(三月八日)は、国連により一九七五年に定められました。女性たちが、平和と安全、開発における役割の拡大、組織やコミュニティーにおける地位向上などによって、どこまでその可能性を広げてきたかを確認すると同時に、今後のさらなる前進に向けて話し合う機会として設けた記念日です」(http://www.unic.or.jp/activities/humanrights/discrimination/women/womens_day_2014/)と書いています(アクセス日:2019. 1. 10)。これは、以前の国連の国際女性デーに関する説明より、簡略化した上不正確なものです。しかし、一九一七年なると、UNウィメンは、「国際女性デー(IWD)とは」として、「国連は、一九七五年の国際婦人年において、三月八日を国際女性デー（ＩＷＤ）として定めました。そして二年後の一九七七年一二月、国連総会は、加盟国がそれぞれの歴史と伝統に応じて、一年のうち一日を女性の権利及び国際平和のための国連の日と宣言できる決議を採択しました。　国際女性デーは、二十世紀への変わり目に、北アメリカおよびヨーロッパ各地での労働運動から始まりました。このような初期の時代から、国際女性デーは、先進国及び途上国ともに、女性のための新しいグローバルな姿をとりあげてきました。この成長し続ける国的女性運動は、四つの世界的な国連の女性会議によって強化されています。そして、女性の権利、及び政治・経済活動の場への女性参画をサポートする結集の場を記念する国際女性デーを支援しています。国際女性デーは、これまでの前進を振り返り、変革を呼びかけ、国や社会の歴史上すばらしい役割を果たした一般の女性たちの勇気と決断を称える日です」(http://japan.unwomen.org/ja/news-and-events/in-focus/international-womens-day/iwd2017) と書き換えています（アクセス日：2019. 1. 10）。「女性の権利」はよしとして、「女性参画へのサポート」という表現は、国際女性デーの性格が初期とはかなり異なっていることに気づくでしょう。旧著（＝本書）一五頁の当初の国連の「女性の権利」はともかくとして、「国際平和」「反植民地主義」「反人種差別主義」等の精神はこの文面からは読み取れません。これが、書かれたのは二〇一七年であり、丁度ロシア革命一〇〇年の時でした。

国連の日となるとき、女性デーの起源の決議に高らかに歌われていた「社会主義」は、すでに文言としては出てこなかったのは当然かもしれませんが、各国の伝統を重んじていたことは事実でした。

この間の、国連事務総長のメッセージをすべて検討したいのですが、本書では、ページもかぎられているので、韓国出身のパン・ギムン国連事務総長、退任最後の年二〇一六年のメッセージを紹介しておきたいと思います。この年韓国では、一〇月二九日の夜に、のちに「キャンドル革命」といわれる社会変革運動のはじまりの徹夜の集会が行なわれました。丁度パン・ギムン氏の退任まぢかの一二月初旬にはソウル市だけで参加者は二〇〇万人を超えたといわれています。そのような時代的背景を念頭に置きながら、事務総長としての仕事を締めくくる意味での、パン・ギムン氏のメッセージを抜粋してみましょう。

戦後の韓国で育った私は、自分が目にした伝統に疑問を感じたことがあります。それは産気づいた女性たちが玄関で靴を脱ぎ、怯えながらそれを振り返る姿でした。「また同じ靴を履けるかどうかわからないから」だと、母は説明してくれました。

それから半世紀余を経た今も、この記憶は私の頭を離れません。世界の貧困地域では今でも、女性の出産は命がけです。妊産婦の死亡は、多くの避けられる危険の一つです。乳児が女性器切除を受けたり、女児が通学途中で攻撃されたり、女性の身体が戦いの道具として利用されたり、寡婦が社会的に疎外され、貧困に陥ったりすることは、あまりにも多くなっています。

私たちがこうした問題に取り組める方法は、変化をもたらす主体としての女性のエンパワーメントを置いて他にありません。私はこれまで九年以上にわたり、国連でこの理念を実践してきました。私たちが多くのガラスの天井を突き破った結果、一面にその破片が広がりました。そして今、私たちは女性が新たなフロンティアを越えられるよう、過去の仮定や偏見を一掃しようとしています。(中略)

孔子の教えによると、世界を秩序立てるための取り組みは、身近なところから始めなければなりません。私は、国連の女性リーダーたちの活躍という証拠に裏づけられながら、各所で女性のエンパワーメントを求めてきました。議会や大学、街頭集会での演説でも、世界のリーダーとの個人的な会談でも、企業幹部との会合でも、そして家父長的社会を支配する男性権力者との困難な交渉でも、私は男女の平等に固執し、これを達成するための措置を強く訴えてきました。

私の就任時、世界には女性議員のいない国会が九つありました。私たちは、この数を四つに減らすことに貢献しました。私は二〇〇八年にキャンペーン「UNiTE to End Violence against Women（団結しよう、女性への暴力を終わらせるために）」を立ち上げました。現在までに数十人のリーダーと大臣、数百人の国会議員、さらには数百万の個人が、行動を求める呼びかけに加わっています。（中略）

「持続可能な開発のための２０３０アジェンダ」が掲げる大胆な目標を達成し、気候変動に関するパリ協定を前進させるうえで、女性が重要な推進役となれることを認識する数多くの人々の呼びかけに私は賛同します。

今年の「国際女性デー」にあたり、私は女性と女児の権利の否定に引き続き大きな憤りを覚える一方で、女性のエンパワーメントは社会の前進につながるという確かな知識に基づき、各地で行動する人々の姿を心強く思っています。全世界でジェンダーの平等を達成するため、安定的な財源と勇気あるアドボカシー、そして揺るぎない政治的意志を注いでいこうではありませんか。私たちに共通の未来にとって、これ以上の投資はないのですから。（日本の国連広報センター訳による。ただし、同センターの「国際女性の日」という訳を「国際女性デー」とした。）

私は、特に、パン・ギムン氏を持ち上げるものではありませんが、韓国出身の事務総長らしく、韓国や孔子の例を挙げて、ジェンダー平等に大胆に取り組むべきことを訴えています。この時のメッセージには「ガラスの天井から広がる破片へ」との題が付けられています。メッセージの一つの例示としてお読みください。

日本については今回加筆した二〇〇四年以降、年表にもキーワードを入れましたが、国際女性デー一〇〇年の翌年、二〇一一年の、東北大震災と原発の被害を経験し、安倍政権の原発政策、戦争政策、改憲への動き、安倍保守政権下で起こる政府組織を挙げての隠ぺいや、改竄、セクハラ、重税、社会保障の切り捨て、労働改革にたいしこれまでにない怒りが、中央大会の国際女性デーのスローガンにも反映していきます。

二〇一一年「ジェンダー平等実現へ、女性差別撤廃条約と憲法を生かそう！人間らしい雇用と社会保障を！核兵器のない平和な世界を！」二〇一二年「憲法をいかし、いのちとくらしを守る社会を！震災復興、原発ゼロへ、人間らしい雇用と社会保障を、核兵器のない平和な世界を」等、二〇一三年「女性の視点を生かし、希望の持てる震災復興を、原発ゼロへ」、二〇一四年「秘密保護法今すぐ廃止！戦争する国許さない！輝かせよう日本国憲法！」、二〇一五年「戦争する国許さない！輝かせよう日本国憲法！核兵器・基地・原発ＮＯ！」、二〇一六「廃止しよう！戦争法、取り戻そう！立憲主義」、二〇一七年「戦争ＮＯ！今こそ憲法を守り生かそう！」、二〇一八年「改憲ストップ！核兵器なくそう！戦争でなく平和を！」、二〇一九年「改憲ＮＯ！いのち・くらし・最優先に！」というふうです。もちろん、毎年「世界の女性と手をつなぎジェンダー平等を」というスローガンが付け加わりますが省略しました。

ただ、最近中央大会の最近の参加者がほぼ七〇〇人で増加の傾向が見られないように思われます。二〇一八年も、ウィメンズマーチとあわせたら一四〇〇人ですけれど――。

もちろん、東京中心ではなく全国各地のとりくみを知る必要もあります。そこには豊かな歴史が積み重ねられているでしょう。さらに、世界でも日本でも女性運動は多様化しているなかで、本書が中心とした国連の動きと、東京の「中央大会」を中心とした叙述だけでは、限界があることはいうまでもありません。

新たな視点と方法で、どう国際女性デーを記述し、かつ未来を展望していくかは私の課題です。

ただ、二〇一九年、日本の現状に即して言えることは、国際女性デーが、たとえ別々の場所でもたれているとしても、そのかかげるスローガンは、すべてでなくとも、市民野党連合のめざすものと一致しているということです。男女平等、戦争反対、平和を守れは、二つの大戦を超え、世紀を超えても、なお共通のスローガンであり続けているのですから！

著者紹介

伊藤セツ（Ito, Setsu）

1939年 函館生まれ．1962年 北海道大学経済学部卒業．1968年 同大大学院経済学研究科修士課程を経て博士課程単位取得満期退学．経済学博士（1984年 北海道大学）．

1968－1989年　北星学園女子短期大学、東京都立立川短期大学講師—助教授—教授．

1981年 旧東独「ライプツィヒ-クラーラ・ツェトキーン教育大学」に都費派遣短期研修

1989－2009年 昭和女子大学教授．同大女性文化研究所所長、大学院生活機構研究科長を経て2009年3月 同大定年退職．5月～昭和女子大学名誉教授．

〔単著〕

『クララ・ツェトキンの婦人論』（編訳著：松原セツ名）啓隆閣，1969.

『クララ・ツェトキンの婦人解放論』有斐閣，1984.

『現代婦人論入門』白石書店，1985.

『有斐閣経済学叢書15　家庭経済学』有斐閣，1990.

『両性の新しい秩序の世紀へ』白石書店，1993.

『国際女性デーは大河のように』御茶の水書房，2003.

『女性研究者のエンパワーメント』ドメス出版，2008.

『生活・女性問題をとらえる視点』法律文化社，2008.

『クラーラ・ツェトキーン ジェンダー平等と反戦の生涯』御茶の水書房, 2013.

（2014年 第20回社会政策学会学術賞受賞、2018年 増補改訂版出版）

『山川菊栄研究 過去を読み 未来を拓く』ドメス出版，2018.

〔共著〕

川口和子、小山伊基子、伊藤セツ『国際婦人デーの歴史』校倉書房他.

〔共編著〕

昭和女子大学女性文化研究所編『ベーベル女性論再考』御茶の水書房，2004．他.

〔翻訳：分担訳〕

リンダ・ブルム著（1991）森ます美他共訳『フェミニズムと労働の間』御茶の水書房，1996.／ベティ・フリーダン著（1997）女性労働問題研究会訳『ビヨンド・ジェンダー』青木書店, 2003.／UN著（2005）日本統計協会訳『世界の女性2005－統計における進展』日本統計協会，2006.

増補版

国際《こくさい》女性《じょせい》デーは大河《たいが》のように

2003年8月22日　第1版第1刷発行

2019年2月25日　増補版第1刷発行

著　者　伊藤セツ

発行者　橋本盛作

発行所　株式会社 御茶の水書房

〒113-0033　東京都文京区本郷5-30-20

電話03-5684-0751

FAX 03-5684-0753

Printed in Japan　組版・印刷／製本・シナノ

ISBN 978-4-275-02105-2 C3036

人名・事項索引（アルファベット順）

国際女性デー関連略年表

年月	事項
1901. 7 .29	アメリカ社会党結成。
1904. 8 .14～20	第2インターナショナル第6回大会（アムステルダム）。女性選挙権に関する決議採択。
1907. 8 .17～1	第2インターナショナル第1回国際社会主義女性会議（シュツットガルト）。
8 .18～24	第2インターナショナル第7回大会（シュツットガルト）。
8 .22	大会女性選挙権問題を議題とする。ツェトキン報告・決議提出・採択。
1908. 5 .12	アメリカ社会党の全国女性委員会（WNC）設置（5人の委員）。
1908～1909	アメリカ、全国女性委員会宣伝活動さかんになる。
1909. 2 .28	アメリカ、全国女性委員会の指導ではじめて女性選挙権獲得のための「女性デー」として催しをもつ。
1910. 2 .27	アメリカ「女性デー」開催。
5	アメリカ社会党大会。7人の全国女性委員を選出、女性選挙権獲得運動を展開する。
	2月の最終日曜日を「女性デー」とすることを決める。国際的に広げる意向もつ。
8 .26～27	第2インタナショナル第2回国際社会主義女性会議（コペンハーゲン）。
	アメリカ社会党WNC代表の提案、ツェトキンらの文案で「国際女性デー」決議。
1911. 3 .19	はじめての国際女性デー、ドイツ、オーストリア、デンマーク、スイスでおこなう。
1912. 3 .	オランダ、スウェーデン、はじめて国際女性デーおこなう。
11.	第2インタナショナル臨時大会（バーゼル）。ツェトキン　帝国主義戦争に反対する演説。
1913. 3 .	ロシア、チェコスロバキアはじめての国際女性デー。
1914. 3 .	フランス、はじめての国際女性デー。
7	第1次世界大戦起こる。第2インタナショナルの崩壊。
11.	ロシアのイネッサ・アルマンド　国際女性書記局に戦争に反対する国際女性会議を開催することを提案。
1915. 3 .	スイスとノルウェーで国際女性デー。戦争反対をスローガン。
3 .26～28	国際社会主義女性会議（ベルン）。8カ国30名出席。ツェトキン案の決議文採択。
	ボルシェビキ女性代表の決議案（レーニンの文）否決される。

9.5～8	スイスのツィンメルヴァルトに国際社会主義者の第1回会議。12カ国代表38名出席。
1917.3.8～1	ペトログラードの女性労働者、国際女性デーのストとデモ。
	この日は、ロシア暦、2月23日。ロシア2月革命の序曲。
1918.3.	ロシアの女性労働者「すべての力を赤色戦線へ！ 国際資本の突撃を防止せよ」のスローガンで女性デー。
1919.3.2	第3インターナショナル（コミンテルン）創立大会（モスクワ）。
	「社会主義のための闘争へ女性労働者を引き入れる必要性にかんする決議」。
	ロシア、ドイツ、スイスで女性デーのとりくみ。
1920.3.4	コミンテルン、ジノヴィエフ名で「万国の女性労働者へ」という女性デーにむけての呼びかけ出す。
	レーニン「国際労働女性デーによせて」の呼びかけ。ロシア、ドイツ、スイスで女性デー。
3	日本「新婦人協会」結成（1922年解散）。
7.30～8.3	第1回国際共産主義女性会議（モスクワ）。16カ国から21名の代表参加。
11.	国際女性書記局おかれる。
10～11	ツェトキン、レーニンと対話。
1921.3.4	レーニン、国際女性デーにむけてのメッセージ。
	ロシア、ドイツ、オーストリア、オランダ、フランス、イギリス、チェコスロバキア、スイス、スウェーデンで女性デーとりくむ。イギリスはじめての女性デー。
4	日本「赤爛会」結成（自然解散）。
6.9～15	第2回国際共産主義女性会議（モスクワ）。国際女性デー世界で統一して3月8日に行うことを決議。
1922.1.25～2	国際共産主義女性通信員会議。
	日本「水曜会」の女子学生国際女性デーを記念して「八日会」結成。
2.24～3.4	コミンテルン国際女性書記局、極東・植民地の女性運動に注目。国際女性デーを3月8日に統一して女性デーを実施することを強調。
3.8	女性デーのスローガン「万国のプロレタリア女性、プロレタリアの国際統一戦線に入れ」。イタリア、はじめての女性デー。
7.15	日本共産党結成。
1923.1.	フランスおよびベルギー軍、ルール地方占領。女性書記局ルール占領反対闘争。
1923.3	『種蒔く人』「無産婦人号―国際婦人デー記念」号。
3.8	日本ではじめての女性デーのとりくみ（神田青年会館）。ユーゴスラビア、

	中国でも開催。
1924. 1 .21	レーニン死去。
3 . 8	国際女性デー、エストランド、モンゴルもとりくむ。
6 .11～19	第 3 回国際共産主義女性会議。
1925. 2 .26	『インプレコル』誌、29号、国際女性デー特集号を出す。
3 . 8	ポーランド、リトアニア、フィンランド、ルーマニア、アルゼンチン、トルコではじめての女性デーのとりくみ。日本は政治研究会主催で開催。
1926. 3 . 8	15カ国でとりくむ。統一戦線を重視。日本は清水市で開催。
5.29～6.10	国際女性書記局、女性のあいだでの活動についての第4回国際女性会議開催。
	11項目の決議とテーゼ採択、女性代表者集会の重視。
1927. 3 . 8	1917年 3 月 8 日のペトログラードの女性デーデモの10周年、中国人民支援が主要スローガン。
	日本は関東婦人同盟準備会主催で開催。
1928. 3 . 8	アメリカの国際女性デーもりあがる。日本は関東婦人同盟と無産者団体協議会と共同開催。
1929. 2 .28	『インプレコル』誌、国際女性デー特集号を出す。
3 . 8	コミンテルン執行委員会女性デーにむけて38項目のスローガンをかかげる。ドイツ、チェコスロバキア、イギリス、ソ連邦でとりくむ。
10.	世界大恐慌はじまる。
1930. 2 .25	『インプレコル』誌、国際女性デー特集号を出す。
3 . 8	ソ連邦、中国、ロンドン、ドイツ、ルーマニアで国際女性デーとりくみ。
	ソ連邦の国際女性デーに、女性のための施設開きがおこなわれる。
	日本は日本大衆党系無産婦人同盟が開催。
9 . 1	プロフィンテルンの第1回国際労働女性会議。
1931. 1 .	国際女性書記局「女性労働者ならびに労働者の妻の代表者会議組織化のための指導原理」発表。
2 .25	国際女性書記局国際女性デーにむけての呼びかけ、51項目のスローガンをかかげる。
2 .27	『インプレコル』誌、国際女性デー特集号を出す。
3 . 8	ドイツ女性デーのとりくみ。日本では関東消費組合連盟が 2 ケ所で開催。
9 .18	日本、中国侵略開始。
10. 9	国際労働者救援会　第 1 回国際女性会議。
1932. 2 .	国際女性書記局、女性デーにむけて呼びかけを出す。
2 .25	『インプレコル』誌、国際女性デー特集号を出す。
3 . 8	国際女性デー、中国を支援する国際連帯の性格強し。

	日本共産党が「国際婦人デーの方針」だす。『働く婦人』発刊、婦人デー記念の夕べもつ。
1933. 1 . 3	ドイツでナチス政権掌握。
2 .25	『インプレコル』誌、国際女性デー特集号を出す。
	国際女性書記局、37項目にわたる方針発表。
6 .20	ツェトキン没。
1934. 3 . 8	国際女性デー。国際女性書記局の呼びかけ出される。スターリン讃美の表現あり。
8 . 4 〜 8	戦争とファシズムに反対する国際女性会議（パリ）。25カ国から1086名の代表集まる。
8 .17	イタリアで共産党と社会党の行動統一協定成立。
10.24	フランス共産党、人民戦線綱領発表。
1935. 3 .	女性デーにむけて国際女性書記局、22項目のスローガン発表。
10.	イタリアのエチオピア侵略。
1936. 1 .15	スペイン、反ファシズム人民戦線の結成。
2 .16	スペイン、人民戦線選挙で勝利。
3 . 8	モスクワ大劇場で女性デーの催し、スターリン出席。
3 . 9	スペイン首都マドリードで「スペイン女性をたたえる集会」５万人参加。
	チェコ、プラハその他で女性デーの集会デモ。
11.	日独防共協定成立。
1937. 3 . 8	モスクワ大劇場で女性デーの催し。
	ソ連邦共産党中央委員会、女性デーの指針を出す。
7 . 7	蘆溝橋事件。
1938. 3 . 1	ナチス・ドイツ、オーストリアを併合。
4 . 8	フランス人民戦線の瓦解。
5 .13〜15	マルセイユ「平和と民主主義のための世界女性会議」700名、14の決議採択。
1939. 2 .27	クループスカヤ没。
3 .16	チェコ、ドイツに併合さる。
3 .28	スペインの民族解放戦争崩壊。
9 . 1	ドイツのポーランド攻撃、第２次世界大戦始まる。
1940. 3 . 8	イギリスの女性デーもりあがりをみせる。
1941.春	ヨーロッパの大部分ファシズムに占領さる。
6 .22	ドイツ軍、ソ連邦侵入。
12. 8	日本、真珠湾攻撃。太平洋戦争開始。
1942. 3 . 8	イギリス、ロンドンで女性デーの大集会。

1943.春	レジスタンス運動広まる。
3.8	イギリス、女性デーのための国民委員会結成。
6.10	コミンテルン解散。
9.8	イタリア、連合国に降伏。
1945.5.7〜8	ドイツ降伏。
8.15	日本無条件降伏、占領軍民間情報教育局婦人課長エセル・ウィード、女性の民主化計画。
1946.3.16	婦人民主クラブ結成。
4.10	日本女性はじめての選挙権行使。
1947.2.1	2.1ストをマッカーサーが禁止。
3.9	日本戦後第1回の国際婦人デー（皇居前広場）、女性を守る会主催。
7.20	4月10日が日本の婦人の日となる。
1948	産別会議幹事会、政府の4月10日婦人の日案に対し3月8日国際婦人デーの推進を決定。
3.8	第2回国際婦人デー中央集会（日比谷野外音楽堂）日本民主婦人協議会準備会主催。
1949.3.8	第3回国際婦人デー中央集会（日比谷野外音楽堂）民婦協主催。
4.10	婦人の日大会（日比谷公会堂）。
10.1	中華人民共和国成立。
1950.3.4	山川菊栄の国際婦人デー警告発言、エセル・ウィード発言からむ。
3.8	国際婦人デー中央大会（日比谷野外音楽堂）、同実行委員会主催（1万人）。
6	朝鮮戦争はじまる。GHQの反共政策・レッド・パージ。
1951.3.8	国際婦人デー中央大会、都条例の野外集会禁止により国会内で代表者会議。
9.4	サンフランシスコ講和会議で対日平和条約・日米安全保障条約調印。
1952.3.8	国際婦人デー文化祭（東京）、働く婦人の集い主催（20余団体約2000人）。
4	対日平和条約・日米安全保障条約発効。GHQ解消。
1953.3.8	国際婦人デー中央集会（50団体1000人）。
1954.3.8	国際婦人デー中央集会（日本青年会館）。
1955.3.8	国際婦人デー文化祭（共済会館）、婦人民主クラブ主催。
1956.3.8	国際婦人デーの集い、婦人民主クラブ主催。
1957.3.7	国際婦人デーのつどい、婦人民主クラブ・若い人のつどい主催（1000人）。
1958.3.8	国際婦人デー記念の夕べ、婦団連主催、各地で集会。
1959.3.8	国際婦人デー中央集会（砂防会館）、婦人月間実行委員会（約1000人）。8年ぶりの統一集会。
1960.3.8	国際婦人デー50周年記念中央集会（文京公会堂）、同実行委員会主催（1000

	人)。
	司会：帯刀貞代、市川房枝・野坂竜・山川菊栄同席、那覇市でも開催。
6	安保闘争、新日米安保条約発効。
1961.3.8	国際婦人デー中央集会（日本青年館)、婦人月間実行委員会（1250人)。
1962.3.8	国際婦人デー中央集会、婦人月間実行委員会主催（約2000人)。
1963.3.8	国際婦人デー中央集会、婦人月間実行委員会主催（約2000人)。
	ベトナム戦争はじまる。
1964.3.8	国際婦人デー中央集会（日比谷野外音楽堂)、同実行委員会主催（約１万人)。
	原水禁運動分裂、働く婦人の中央集会分裂。
1965.3.8	国際婦人デー中央集会（日比谷野外音楽堂)、同実行委員会主催（6000人)。
1966.3.8	国際婦人デー中央集会（日比谷野外音楽堂)、同実行委員会主催（8000人)。
1967.3.8	国際婦人デー中央集会（日比谷野外音楽堂)、同実行委員会主催（7000人)。
1968.3.8	国際婦人デー中央集会（日比谷野外音楽堂)、同実行委員会主催（6000人)。
1969.3.8	国際婦人デー中央集会（日比谷野外音楽堂)、同実行委員会主催（約5000人)。
1970.3.8	国際婦人デー中央集会（日比谷野外音楽堂)、同実行委員会主催（約5000人)。
6	反安保統一行動、日米安保条約自動延長。
	婦人民主クラブ分裂。
1971.3.8	国際婦人デー中央集会（日比谷野外音楽堂)、同実行委員会主催（2500人)。
1972.3.8	国際婦人デー中央集会（日比谷野外音楽堂)、同実行委員会主催（3000人)。
5.15	沖縄の施政権返還。
1973.3.8	国際婦人デー中央集会（東京文京公会堂)、同実行委員会主催（3000人)。
1974.3.8	国際婦人デー中央集会（日比谷野外音楽堂)、同実行委員会主催（約１万人)。
1975.3.7	国連、初の国際女性デー（国連機関内)。
3.8	国際婦人デー中央集会（日比谷野外音楽堂)、同実行委員会主催（約7000人)。
4	ベトナム戦争終結。
1976.3.8	国際婦人デー中央大会。
1977.3.8	国際婦人デー中央大会。国連第32回総会「国連デー」と決定。
1977.12	国連総会女性デーの決議。
1978.3.8	国際婦人デー中央大会。
1979.3.8	国際婦人デー中央大会。
1980.3.8	国際婦人デー中央大会。
1981.3.7	国際婦人デー中央大会。
1982.3.8	国際婦人デー中央大会、実行委員会から総評脱退。
1983.3.8	国際婦人デー中央大会。
1984.3.8	国際婦人デー中央大会。
1985.3.8	国際婦人デー中央大会。

1986. 3 . 8	国際婦人デー中央大会。
	3・8フェスティバル（京都）。
1987. 3 . 7	1987年国際婦人デー中央大会（九段会館）、同実行委員会主催。
1988. 3 . 8	1987年国際婦人デー中央大会。
1989. 3 . 5	第 4 回「あなたがつくる女のフェスティバル」（京都市社会教育総合センター）。
3 . 8	1989年国際婦人デー中央大会（九段会館）、同実行委員会主催。
1990. 3 . 8	80周年国際婦人デー中央大会。
10. 3	東西両ドイツ統一。
6 .12	ソ連崩壊、ロシア共和国主権宣言。
1991. 3 . 8	1991年国際婦人デー中央大会。
1992. 3 . 6	国際婦人デー中央大会（九段会館）、同実行委員会主催。
3 . 6	1992年国際女性デー集会（渋谷勤労福祉会館）、東京地評婦人協議会、婦人民主クラブ等12団体主催。
3 . 8	国際婦人デー3・8東京集会（東京都婦人情報センター）、同実行委員会主催。
1993. 3 . 5－6	第 1 回3・8国際女性デー、おんなたちの祭り（山手教会ホール）。
3 . 8	1993年国際婦人デー中央大会（日本教育会館）、同大会実行委員会主催。
1994. 3 . 6	第 2 回3・8国際女性デー、おんなたちの祭り（東京勤労福祉会館）。
3 . 8	1994年国際婦人デー中央大会（九段会館）、同大会実行委員会主催。
1995. 3 . 5	第 3 回3・8国際女性デー　おんなたちの祭り（豊島区民センター）。
3 . 8	1995年国際婦人デー中央大会。
1996. 3 . 3	第 4 回3・8国際女性デー、おんなたちの祭り（東京ウィメンズプラザ）。
3 . 8	1996年国際婦人デー中央大会。
1997. 3 . 8	1997年国際婦人デー中央大会（板橋区立文京会館）、同大会実行委員会主催。
3 . 8	国際婦人デー3・8東京集会（東京ウィメンズプラザ）、同実行委員会主催。
3 . 9	第 5 回3・8国際女性デー、おんなたちの祭り（東京ウィメンズプラザ）。
1998. 3 . 8	1998年国際婦人デー中央大会（浅草公会堂）、同大会実行委員会主催。
3 . 8	第 6 回3・8国際女性デー、おんなたちの祭り（東京ウィメンズプラザ）。
1999. 3 . 7	第 7 回3・8国際女性デー、おんなたちの祭り（東京ウィメンズプラザ）。
3 . 8	1999年国際婦人デー中央大会（国立教育会館・虎ノ門ホール）、同大会実行委員会。
2000. 3 . 5	第 8 回3・8国際女性デー、おんなたちの祭り（東京ウィメンズプラザ）。
3 . 8	2000年国際婦人デー中央大会（中野ゼロホール）、同大会実行委員会主催。
	2000年世界女性行進（2000年3・8国際婦人デー～10.17国際貧困根絶デーまで）。
2001. 3 . 8	2001年国際婦人デー中央大会。
3 .11	第 9 回3・8国際女性デー、おんなたちの祭り（東京ウィメンズプラザ）。

2002. 3. 8	2002年国際婦人デー中央大会（九段会館）中央大会実行委員会・女性の憲法年連絡会主催。
3. 8	国際女性の日第一副公開フォーラム（UNハウス）、7国際機関共同開催。
3.10	第10回3・8国際女性デー、おんなたちの祭り（東京ウィメンズプラザ）。
2003. 3. 6	国際女性の日第二回公開フォーラム（UNハウス）、15国連機関共同開催（後援：内閣府・外務省）。
3. 7	連合国際女性デー中央集会（日本教育会館ホール）。
3. 8	2003年国際婦人デー中央大会（九段会館）中央大会実行委員会主催。
3. 8	第11回3・8国際女性デー、おんなたちの祭り（東京ウィメンズプラザ）。
3.20	アメリカのイラク攻撃始まる。
2004 3. 8	国連のテーマ：女性とHIV/AIDS　コフィー・アナン国連事務総長メッセージ。
3. 8	国際婦人デー中央大会：イラク戦争、自衛隊のイラク派兵延長に抗議する。 3.8おんなたちの祭り実行委員会第12回大会：語り合おう　わたしたちのいま・みらい。
2005 3. 8	国連のテーマ：ジェンダー平等は2005年を越えて　より安全な未来の創造（メッセージの記録なし）。
3. 8	国際女性デー中央大会：被爆60年・「北京+10」、ゆるすな　憲法・教育基本法改悪！　守ろう　雇用とくらし・いのち、自衛隊のイラク派兵撤退を！
3. 8	3.8おんなたちの祭り実行委員会第13回人会　こんな時代だからこそ、平和と平等が大事　人権はもちろん！！
3. 6	国際婦人デー3・6東京集会実行委員会国際婦人デー3・6東京集会：憲法改悪反対！自衛隊はイラクから引き上げろ！小泉「構造改革」反対！ ＊北京女性会議から10年（北京+10）
2006 3. 8	国連のテーマ：意思決定における女性　挑戦して変化を作り出す：コフィー・アナン国連事務総長メッセージ。
3. 8	国際女性デー中央大会：いま、連帯と行動のとき、憲法9条は世界の宝―ストップ！憲法・教育基本法改悪・大増税、いのちと人権まもり、つくろう　男女雇用平等法。
3. 8	3.8おんなたちの祭り実行委員会第14回大会：ひろげよう平和、つながろう世界と、だから憲法は変えない。 ＊この年以降「婦人民主クラブ」と「ふぇみん婦人民主クラブ」並存。
2007	国連のテーマ：女性と女児に対する暴力をやめさせるため団結する：パン・ギムン国連事務総長メッセージ。
3. 8	国際女性デー中央大会：憲法9条を守る。

3．4	3.8おんなたちの祭り実行委員会第15回大会　ひろげよう平和、つながろう世界と、だから憲法を変えない　パートⅡ。 ＊参議院選挙で与党：自民・公明が大敗
2008 3．8	国連のテーマ：女性・女児に投資する、MDGsの達成をめざす：パン・ギムン国連事務総長メッセージ。
3．8	国際女性デー中央大会：世界の女性たちとの連帯で　なくそう！格差と貧困　輝かせよう世界の宝・憲法9条。
3．9	3.8おんなたちの祭り実行委員会第16回大会　どうする　どうなる　政権交代　おんなのくらし　そして憲法（この回で最終）。 ＊国連人権理事会が日本の人権状況を審査、「慰安婦問題」解決を勧告。
2009 3．8	国連のテーマ：男女は、女性・女児にたいする暴力をやめさせるため団結する。パン・ギムン国連事務総長メッセージ。
3．8	国際女性デー中央大会:ゆるすな！雇用とくらしの破壊　たちあがろう！未来のために　いかそう！日本国憲法。 ＊CEDAWで第6次日本報告審議　＊衆議院選挙で自民・公明が大敗)、民主党政権に
2010 3．8	国連のテーマ：平等の権利と機会、すべての人のための前進：パン・ギムン国連事務総長メッセージ。
3．8	国際女性デー中央大会：まもろう！雇用と暮らし　つくろう！核兵器のない平和な世界を　いまこそいかぞう！日本国憲法。
3．8	日本政府：福島みずほ少子化・男女共同参画担当大臣メッセージ「国際女性の日」に寄せて。
3．8	女性デー実行委員会・女性と仕事の未来館「女性の多様な生き方を見つめ、讃え合う日。 ＊国際女性デー決議100年　＊7月の国連総会でUN Women創立　＊参議院選挙で与党民主党過半数割れに。
2011 3．8	国連のテーマ：パン・ギムン国連事務総長メッセージ、バチェレ UN Women事務局長のビデオ・メッセージ。
3．8	国際女性デー中央大会：女性差別撤廃条約と憲法を生かそう！人間らしい雇用と社会保障を！核兵器のない平和な世界を！ 3.8国際女性デー院内集会実行委員会「3.8国際女性デー　世界の女性たちとつながろう　今こそ実現させよう　私達の権利。
3．8	国際女性デー組織委員会・女性と仕事の未来館　共催「女性デー2011」個から共生へ―わかちあえる社会を考える―。
3.4/3.5	＊3.11東日本大震災、福島原発事故/12国連総会でInternational Day of the Girl Child：国際ガールズ・デイ（10/11）決定）

2012 3.8	国連のテーマ：ジェンダー平等と女性のエンパワーメント　パン・ギムン国連事務総長メッセージ。
3.8	国際女性デー中央大会：憲法をいかし、いのちとくらしを守る社会を！震災復興、原発ゼロへ、人間らしい雇用と社会保障を、核兵器のない平和な社会を、ジェンダー平等。 ＊国際ガールズ・デイ始まる10.11　＊3 首相官邸前抗議行動開始, 7 反原発国会包囲行動に17万人＊12 衆議院選挙で自民党が単独過半数、自民・公明政権へ
2013 3.8	国連のテーマ：女性への暴力を終わらせる　パン・ギムン国連事務総長メッセージ。
3.8	国際女性デー中央大会：「国防軍」とんでもない！憲法改悪許さない！ストップ！消費税増税と社会保障改悪　まともな雇用増やして、日本経済の活性化を、大震災復興　原発ゼロへ、核兵器のない平和な世界を。 ＊UN Women 日本事務所開設（堺）閉鎖、＊7 参議院選挙で自民・公明の与党が過半数を獲得、＊12 機密保護法強行採決
2014 3.8	国連のテーマ：女性の平等は全てのもののための進歩である、パン・ギムン国連事務総長メッセージ。
3.8	国際女性デー中央大会：戦争するくにづくりなんて許さない、輝かせよう日本国憲法、核兵器・基地・原発No！世界の女性とてをつなぎ、ジェンダー平等へ。 ＊UN Women 日本事務所開設（文京区シビックセンター内）アジア唯一　＊安倍内閣集団的自衛権容認の「閣議決定」
2015 3.8	国連のテーマ：女性・女児を標的とする暴力阻止、女性の人権を守る。パン・ギムン国連事務総長のメッセージ。　パンプムズィレ・ムランボ・ヌクカUN Women 事務局長メッセージ。
3.8	国際女性デー中央大会：「戦争する国」なんて許さない！輝かせよう日本国憲法！核兵器・基地・原発　NO！ ＊MDGsの終わりの年　＊12 女性活躍推進法制定・施行　＊ 第4次男女共同参画基本共同計画閣議決定
2016 3.8	国連のテーマ：2030年までにプラネット50-50を実現、ジェンダー平等を加速させよう。パン・ギムン国連事務総長メッセージ、パンプムズィレ・ムランボ＝ヌクカUN Women 事務局長がステートメント。
3.8	国際女性デー中央大会：廃止しよう！戦争法、取り戻そう！立憲主義、世界の女性と手をつなぎ　ジェンダー平等へ！ ＊6 女性の再婚禁止期間を6カ月から100日に短縮する民法改正　＊性的指向とジェンダー自認に関する決議国連総会採択
2017 3.8	国連のテーマ：女性と女児の権利擁護　アントニオ・グテーレス国連事

	務総長メッセージ。
3.8	国際女性デー中央大会：戦争No！今こそ憲法を守り生かそう！世界の女性と手をつなぎ、平和・ジェンダー平等へ！ 国際民主婦人連盟（WIDF）会長ロレーナ・ペーニャメッセージ。 ウィメンズ・マーチ東京2017 ＊6 テロ等準備罪法　＊7 国連、核兵器禁止条約採択
2018 3.8	国連のテーマ：女性にとっての前進はすべての人にとっての前進。　アントニオ・グテーレス国連事務総長メッセージ。
3.8	国際女性デー中央大会：改憲ストップ！核兵器なくそう！戦争でなく平和を! 世界の女性と手をつなぎ、ジェンダー平等へ！ ウィメンズ・マーチ東京2018：＃Me Too ＊ノーベル平和賞：ISの性暴力に対しナディア・ムフド、デニ・ムクウェゲ医師　＊5 政治分野における男女共同参画推進法成立　＊6 男女の婚姻年齢と成年年齢をともに18歳にする民法改正
2019 3.8	国際女性デー中央大会: 改憲 No！いのち・くらし・最優先に！世界の女性と手をつなぎ　ジェンダー平等へ！
3.8	ウィメンズ・マーチ東京2019

注. 1975年迄は、メインの集まりは、中央集会、中央大会、その他催しの名称がさまざまであった。それ以後は、中央大会に統一されている。

引用・参考文献（著者名アルファベット順）

Bebel, August（1997）*Ausgewählte Reden und Schriften*, Band 9, K.G.Saur, München.

Beirut University College（1992）International Women's Day, Al-Raida, Vol. X, No. 57 Spring.

Buhle, Mari Jo.（1981）*Women and American Socialism 1870-1920*, University of Illinois Press.

Dornemann, Luise（1973）*Clara Zetkin, Leben und Wirken*, Dietz Verlag, Berlin.

ドリゾー，ヴェーラ＝岩上淑子（1970）『クループスカヤ小伝』大月書店

Gilman, Charlotte Perkins（1991）*The Living of Charlotte Perkins Gilman*, The University of Wisconsin Press, Madison.

Götze, Dieter（1982）*Clara Zetkin*, VEB Bibliographisches Institute, Leipzig.

原ひろ子，前田瑞枝，大沢真理編（1996）『アジア・太平洋地域の女性政策と女性学』新曜社.

Herve, Florence（Hrsg.）（1979）*Brot & Rosen*, VMB.

本郷文化フォーラム女性労働研究会編（1999）『"規制緩和" NO！　労働法制改悪と女性のたたかい』小川町企画

Hugel, Cecile（1970）*Women of the Whole World*, March 6. Special Issue.

Hymowitz, Carol & Michaele Weissman（1978）*A History of Women in America*, Bantam Books.

ILO（1985）*Women at Work*, No. 1.

今井けい（1998）「女性労働問題における資本制と家父長制—山川菊栄のイギリス研究によせて」『女性労働研究』No. 34, pp. 4-9.

今井けい（2001）「山川菊栄—女性運動史上の日英関係断章」都築ら編（2001, pp. 130-149）

井上輝子，上野千鶴子，江原由美子，大沢真里，加納実紀代編（2002）『岩波女性学事典』岩波書店

INSTRAW（1986）*Instraw News*, Spring & Summer.

INSTRAW（1988）*Instraw News*, Spring & Summer.

INSTRAW（1990）*Instraw News*, No. 14.

INSTRAW（1991）*Instraw News*, No. 16.

石垣綾子，坂西志保（1957）『世界女性解放史』中央公論社

伊藤セツ（1975）「コミンテルンの国際婦人デー指導―1924年から1928年まで」『歴史評論』No. 299, pp. 1–18.

伊藤セツ（1976a）「1936〜1939年の国際婦人デー」『婦人通信』1976年 2 月「国際婦人デー特集号」

伊藤セツ（1976b）「1934年の『戦争とファシズムに反対する国際婦人会議』について」札幌婦人問題研究会『前進する婦人』No. 11.（1976. 7）

伊藤セツ（1980）「国際・戦前篇―プロレタリア婦人運動の国際的連帯の歴史を追って―」（川口他 1980, pp. 9–185）

伊藤セツ（1981）「両ドイツで出版された“国際婦人デー史”の紹介」札幌婦人問題研究会『前進する婦人』，No. 14, pp. 49–57.

伊藤セツ（1982a）「ドイツ民主共和国『婦人解放のための労働者階級の闘争史共同研究チーム』の活動」『婦人労働問題研究』No. 1（1982. 1）（『賃金と社会保障』No. 833, 1982年 1 月上旬号），pp. 60–62.

伊藤セツ（1982b）「山川菊栄とコミンテルンの婦人政策」『婦人労働問題研究』No. 2（1982. 10）（『賃金と社会保障』No. 851, 1982年10月上旬号），pp. 47–55.

伊藤セツ（1983）「M. J. Buhle著『婦人とアメリカ社会主義』」『婦人労働問題研究』第 3 号（『賃金と社会保障』No. 861, 1983年 3 月上旬号）, pp. 55–57.

伊藤セツ（1984）『クララ・ツェトキンの婦人解放論』有斐閣

伊藤セツ（1984b）「『差別撤廃』をめざす今日の婦人運動―『連絡会』構成四八婦人団体を中心に―」『婦人労働問題研究』No. 5（1984. 2）（『賃金と社会保障』No. 884, 1984年 2 月下旬号）, pp. 10–18.

Itoh, Setsu（1985）Der Frauentag in Japan, in : VIII. Clara-Zetkin-Kolloquium der Forshungsgemeinschaft “Geschichte des Kampfes der Arbeiterklasse um die Befreiung der Frau,” Referate und Diskussionsbeiträge, Leipzig. pp. 78–79.

伊藤セツ（1985）『現代婦人論入門』白石書房

伊藤セツ（1988）「国際婦人デーの起源とアメリカ社会党の婦人運動」『立川短大紀要』Vol. 21, pp. 5–13.

伊藤セツ（1989）「1940年代、戦争とファシズムのもとでのドイツ国際婦人デー 1989年 3 月 8 日によせて」『婦人通信』No. 353, pp. 17–19.

伊藤セツ（1991）「1991年国際婦人デーによせて―国際婦人デーの新しい展開」『婦人通信』No. 379, pp. 19–21.

伊藤セツ（1993）「1993年国際婦人デーによせて―国連デーとしての『国際婦人デー』」『婦人通信』No. 405, pp. 14–17.

伊藤セツ（1996）「北京会議から二一世紀への女性運動の課題」『女性労働問題研究』No. 29,（『賃金と社会保障』No. 1170, 1996年 1 月下旬号）pp. 4–11.

伊藤セツ（1997）「国連デーとしての『国際女性デー』の20年（1977–1997）」『昭和女子大学女性文化研究所紀要』No. 20, pp. 59–73.

伊藤セツ（1999）「国際女性デーの生命力—21世紀の女性運動を展望して」『婦人通信』No. 484（1999年 3 月号）pp. 16–19.

伊藤セツ，池田孝江（1974）「国際婦人デーにかんする一考察」『歴史評論』No. 287, pp. 1–28.

Juchacz, Marie（1956）*Sie Leben für eine besser Welt, Lebensbilder Führender Frauen des 19. und 20. Jharhunderts*, Verlag Nach J.H.W.Diets GMBH, Berlin und Hannover.

上村千賀子（1991）『占領政策と婦人教育——女性情報担当官E.ウィードがめざしたものと軌跡——』（(財)日本女子社会教育会）

Kandel, Liliane & Francoise Picq（1982）Le Mythe des Origins, à propos de la journée internationale des femmes, in : *La Revue d'en Face*, No. 12, Fall 1982, pp. 67–80.

Kaplan, Temma（1985）On the Socialist Origins of International Women's Day, *Feminist Studies,* Vol. 11, No. 1（Spring 1985）なおこの論文は下記に転載された。

Kaplan, Temma（1988）On the Socialist Origins of International Women's Day, Holthoon, Frits Van & Marcel Van Der Linden Eds., *Internationalism in the Labour Movement 1830–1940*, E. J. Brill, Leiden, New York, Kopenhagen, Köln, pp. 188–194.

川口和子，小山伊基子，伊藤セツ（1980）『国際婦人デーの歴史』校倉書房.

Kirsh, Ruth (1982) Käte Dunker-Aus ihrem Leben, Dietz Verlag, Berlin.

国連広報センター（1991）記事資料　91/8

国連広報センター（1992）記事資料　92/9

Mackie, Vera（1997）*Creating Socialist Women in Japan, Gender, Labour and Activism, 1900–1937*, Cambridge University Press.

マクダーマット，テヴイン＆ジェレミ・アグニュー（1996）＝萩原直邦訳（1988）『コミンテルン史—レーニンからスターリンへ—』大月書店

松井やより（1996）『女たちがつくるアジア』岩波書店

松尾貞子（1989）「金子喜一著『余は如何にして米国女性と結婚せしや』」『初期社会主義研究』No. 3, pp. 115–134.

松尾章一（1983）「金子喜一とジョセフィン・コンガーをアメリカに追って」『歴史評論』No. 395, pp. 77–92.

松原セツ編訳著（1969）『クララ・ツェトキンの婦人論』啓隆閣

Miller, Sally M.（ed.）（1981）*Flawed Liberation Socialosm and Feminism*, Greenwood Press. Westport, London.
三井礼子（1963）『現代婦人運動史年表』三一書房
Müller, Joachim（1980）*70 Jahre Internationaler Frauentag*, Verlag für die Frau, Leipzig.
Müller, Joachim, Hans-Jürgen Arendt und Fritz Staude（Hrsg.）（1870）*Um eine ganze Epoche Voraus-125 Jahre Kampf um die Befreiung der Frau-*, Verlag für die Frau, Leipzig.
中野恭子（1994）「インストローと女性に関する統計」法政大学日本統計研究所　伊藤陽一編『女性と統計―ジェンダー統計論序説―』梓出版
日本共産党中央委員会訳（1961）『ソ連邦共産党史』Ⅰ
日本婦人団体連合会（1963）「国際婦人デーの歴史」同会発行パンフレット
日本婦人団体連合会（1966）「国際婦人デーの歴史」同会発行パンフレット
岡崎一（1991）「ジェセフィン・コンガー『夫の経済的倚頼』」『初期社会主義研究』No. 5, pp. 108-113.
大橋秀子（2000）「金子喜一とジェセフィン・コンガー―アメリカ『社会主義フェミニズム』の萌芽」『初期社会主義研究』No. 13, pp. 153-164.
大橋秀子（2001）「シカゴにおける金子喜一―人種偏見と闘った『シカゴ・ディリー・ソーシアリスト』時代」『初期社会主義研究』No. 14, pp. 75-92.
大橋秀子（2002）「ジョセフイン・コンガー・カネコと社会主義フェミニズム―The Socialist Womenを通して見る20世紀初頭のアメリカ女性参政権運動―『ジェンダー研究』No. 5, 2002. 12.
Osmanezyk & Edmund Jan（1990）*Encyclopedia of the United Nations and International Agreements*, Second Edition, Taylor and Francis, New York, Philadelphia, London.
大辻千恵子（1980）「アメリカ社会党と婦人参政権運動―全国婦人委員会（1908-1915）を中心として―」『国際関係研究』別冊Ⅱ　津田塾大学　pp. 33-49.
Poter, Kathy（1980）A Chequered History and an Important Future, March 8 International Women's Day, *Marxism Today,* 1980 March.
杉山秀子（1994）『もう一つの革命―アレクサンドラ・コロンタイ《その事業》』学陽書房
Schiel, Ilse & Erna Milz（1971）*Karl und Rosa Erinnerungen, Zum 100 Geburztag von Karl Liebknecht und Rosa Luxemburg*, Dietz Verlag, Berlin（邦訳はクララ・ツェトキン他著・栗原祐訳（1975）『カールとローザ―ドイツ革命の断章―』大月書店）
下山房雄（1992）「フランスあることないこと――女性解放運動と労働組合主義」『女

性労働問題研究』No. 22, pp. 27–35.

ソ連邦共産党中央委員会付属マルクス＝レーニン主義研究所編『共産主義インタナショナルの一略史』政治図書出版所　モスクワ（1969＝村田陽一訳1973）『コミンテルンの歴史』上・下巻　大月書店

ソ連邦共産党史翻訳委員会訳（1972）『ソ連邦共産党史』Ⅰ　大月書店

Scholze, Siegfried（1985）Zur Geschichte des 8. März als Datum des Internationalen Frauentag, in : VIII. Clara-Zetkin-Kolloquium der Forshungsgemeinschaft “Geschichte des Kampfes der Arbeiterklasse um die Befreiung der Frau,” Referate und Diskussionsbeitraege, Leipzig. pp. 31–38.

Scholze, Siegfried（1989）Traditionen der americanischen Frauenwebegung und der Anteil der americanischen Sozialisten und Sozialistinnen an der Einfuehrung des Internationalen Frauentages, in : X. Clara- Zetkin- Kolloquium der Forshungsgemeinschaft “Geschichte des Kampfes der Arbeiterklasse um die Befreiung der Frau,” Referate und Diskussionsbeitraege, Leipzig. den 5. Mai 1989. pp. 56–63.

Stansell, Christine（1986）*City of Women, Sex and Class in New York 1789–1860*, Alfred A. Knopf, New York.

Stevens, Joyce（1985）*A History of International Women's Day, in Words and Images*, IWF Press, Sydney.

鈴木裕子（1976）「山川菊栄と女性解放思想―主に1920年代における」『流動』1976. 5 p. 118

Takaki, Ronald（1993）*A Different Mirror : A History of Multicultural America*, 邦訳：富田虎男監訳（1995）『多文化社会アメリカの歴史―別の鏡に映して』明石書店

都築忠七，ゴードン・ダニエルズ，草野敏雄編（2001）『日英交流史　1600–2000　5　社会・文化』東京大学出版会

上野和子（2003）「革新主義時代のアメリカ女性参政権運動」『英米文化』No.33, pp. 89–103.

U. N.（1977a）General Assembly Documents, 32nd Sess. A/32/440/500, New York.

U. N.（1977b）*Yearbook of the United Nations 1977*, Vol. 31, New York.

U. N.（1977c）Index to Proceedings of the General Assembly, Thirty-first session (second part), Thirty-second session, New York.

U. N.（1993a）Press Release, 93/06, 5 March 1993.

U. N.（1993b）DR/1171/Rev. 1-September, 1993-5M.

U. N.（1995a）Press Release, SG/SM/5575, WOM/809.

U. N.（1995b）Press Release, SG/SM/5577 SOC/4351, WOM/811.

U. N.（1995c）*The United Nations and The Advancement of Women 1945–1995*, New York.

U. N.（1996）*The United Nations and The Advancement of Women 1945–1996*, Revised and updated to include the results of the Fourth World Conference of Women held in Beijing in 1995, New York.

Wheeler, Marjorie Spuill（ed.）（1995）*One Woman, One Vote*, New Sage Press.

Wurms, Renate（1980）*Wir wollen Freiheit, Frieden, Recht, der Internationale Frauentag, Zur Geschichte des 8. März*, Verlag Marxistische Blaetter, Frankfurt am Mein.

山泉進（1989）「金子喜一と『プログレッシブ・ウーマン』『初期社会主義研究』No. 3, pp. 60–75.

山川菊栄（1949）「４月10日を『婦人の日』に」（『前進』1949年4月：『山川菊栄集』第７巻，岩波書店，1982, p. 101）.

Ziegler, G.（1966）Wie der Internationale Frauentag geboren wurde, in : *Frauen der Ganzen Welt*,（1966. 1）p. 12.

The Socialost Party Official Bullentin, Chicago, December, 1908.

Choronik Geschichte der deutschen Arbeiterbewegung, Teil 1, Dietz Verlag, Berlin 1965.

Zur Rolle der Frau in der Geschichte des Deutschen Volkes（1830–1945）, Eine Chronik, Verlag für die Frau, Leipzig 1983.

婦人民主新聞縮刷版　第１巻（1946年～1953年）1982，婦人民主クラブ編／発行

『日本女性運動資料集成　第１巻　思想・政治Ｉ』1996，不二出版

『世界女性学基礎文献集成　昭和初期編　第９巻』2001，ゆまに書房

昭和女子大学女性文化研究所編（2004）『ベーベルの女性論再考』御茶の水書房

伊藤セツ（2018）『増補改訂版 クラーラ・ツェトキーン―ジェンダー平等と反戦の生涯』御茶の水書房（2013 第一版第一刷）